EMANUELE ALOI

TIMIDEZZA SI-CURA

Diventa Più Sicuro Di Te e Ridisegna La Tua Vita In 8 Giorni e 5 Abitudini

Titolo

"TIMIDEZZA SI-CURA"

Autore

Emanuele Aloi

Editore

Bruno Editore

Sito internet

http://www.brunoeditore.it

Sommario

Ringraziamenti

Sono un sentimentale…

Lascia che ti ringrazi.

Si proprio a te, che ti accingi a leggere queste pagine.

Lascia che ti ringrazi perché questo libro senza di te non potrebbe
esistere.

A Erika…

È il mio primo libro amore mio e oggi dopo averlo scritto so
anche che non sarà l'ultimo.

Ma se sono riuscito a scriverlo è grazie a te che hai preso il mio
posto quando dovevo lavorare, pur di farmi andare a scrivere.

Che mi hai sostenuto quando mi sono arenato, che ci hai creduto
quanto ci ho creduto io.

A mia madre…
Che mi ha trasmesso la voglia per lo studio e la lettura, che mi ha sempre sostenuto e difeso.

A Gianni e Annamaria…
Che si sono presi cura di me come un figlio anche nel momento più difficile, quello della quarantena, del covid-19, quello della stesura di questo manoscritto.

A zia Valeria e alle mie sorelle.
Che quando ho bisogno, loro ci sono e non si tirano indietro mai.

I treni nella vita non si aspettano… Si guidano.

Introduzione

Hai mai pensato di ridisegnare la tua vita? Immagina allora di prendere gomma e matita e iniziare a scriverla da capo con disegni, colori e parole nuove. Pensa come penserebbe un designer.

Se lo stai facendo sai che esistono molteplici disegni per la tua vita e per quella di ogni individuo e che applicando il pensiero creativo e sfruttando pienamente il tuo potenziale puoi creare la tua esistenza, puoi cambiarla e puoi iniziare a vivere la miglior vita che puoi vivere.

Quando mi sono approcciato alla crescita personale e alle discipline di *life design* è successo proprio questo. Ho avuto l'impressione che il passato, i dubbi, le incertezze che fino ad allora rappresentavano il mio limite più grande, non erano poi così rilevanti come un tempo.

Oggi la mia mission è quella di supportare le persone durante il percorso di cambiamento e di crescita. Durante lo sviluppo del proprio potenziale attraverso queste tecniche e queste strategie, insegnando loro a pensare come farebbe un designer. Ma lascia che entri ancora più in profondità.

Avevo pensato di intitolare questo libro *La timidezza fa schifo ma mi ha salvato la vita, Come sconfiggere la timidezza e diventare più sicuri in se stessi in 8 giorni... Se leggi un capitolo al giorno.* Provocante dirai! Ma ancora una volta, lascia che ti spieghi.

Volevo suscitare quella suspence che creo nei miei corsi di public speaking, quando in presentazione appena entrato mi rivolgo ai timidi partecipanti dicendo loro: «Tra mezz'ora parlerete in pubblico. Verrete qui al posto mio e farete il vostro primo speech».

Loro rimangono increduli e attoniti nel momento in cui dico queste parole ignari del fatto che prima della fine di quello stesso corso avranno parlato in pubblico ben cinque volte. E poi chiedo loro: «Hai mai maledetto la tua timidezza?».

Io sì. E non sai quante volte l'ho fatto. E quante volte ho guardato con invidia, agli eventi, nelle aule e nelle grandi presentazioni, le persone sicure, apparentemente centrate, fiduciose delle proprie idee e delle proprie parole. E non sai per quanto tempo mi sono chiesto: Ma come diavolo fanno?

Allora mi sono messo a studiare, a leggere libri, a frequentare corsi, come se da questi ne dipendesse la mia vita. Sono partito per ascoltare i più grandi esperti del settore dello sviluppo personale, leader e specialisti di settore. Mi sono formato con loro, mi sono certificato con loro e soprattutto con loro e senza di loro, ho messo in pratica tutto quello che ho appreso.

E se pensi infatti che questo libro sia il solito manuale teorico dove ti viene spiegato cosa fare in modo noioso e accademico, ti invito subito ad andare alla fine del giorno 2 dove ti spiego passo passo il metodo "Public Speaking per Timidi", strategie pratiche per parlare in pubblico da subito. Di andare al giorno 5 dove troverai in dettaglio gli errori killer che io personalmente ho fatto e che tu devi smettere subito di fare. Di andare al giorno 4 dove troverai invece le 5 abitudini per costruire il tuo nuovo atteggiamento, l'atteggiamento vincente. Una serie di comportamenti ampiamente schedulati e dettagliati per aumentare la fiducia in te stesso, sconfiggere la timidezza e diventare una persona più sicura e determinata.

Se ancora non mi conosci, sono Emanuele Aloi, sono un mental coach, tengo corsi di comunicazione efficace, public speaking e crescita personale e uso questi corsi proprio per sconfiggere timidezze e insicurezze e far uscire il potenziale inespresso delle persone.

Alla fine del 2017 ho fondato il mio Brand, Emanuele Aloi/Volontà di Cambiare, che ha già aiutato e supportato tantissime persone nel loro percorso di miglioramento personale e se non lo hai fatto ti invito a dare un occhiata su Facebook al Gruppo di Volontà di Cambiare e a entrare già da subito a far parte della nostra community.

Sono un coach e un formatore ma mi piace definirmi un lifestyle designer, perché aiuto le persone a riprendere in mano la propria vita, a modellarla, a darle forma come se fosse un pezzo di argilla, fino a trasformarla nella migliore vita da vivere.

E lo faccio attraverso le migliori tecniche di coaching, di comunicazione efficace ma soprattutto secondo le migliori strategie di life design, disciplina insegnata all'università di Stanford, in California da Bill Burnet e Dave Evans, entrambi docenti a Stanford, che hanno lavorato per aziende del calibro di Google, Apple e creatori e fondatori del Life design Lab.

A questo punto ti starai chiedendo: Perché un libro e soprattutto perché questo? Intanto perché la timidezza non fa poi così schifo, sarà per questo che ho anche cambiato il titolo, e poi perché prima di salvare la tua vita, la timidezza ha salvato veramente la mia.

Facciamo un patto: visto che la mia risposta è alla fine di questo volume, ce la daremo a vicenda fra qualche giorno, esattamente 8. E sì, perché il metodo funziona ma solo se leggi un capitolo al giorno. Intanto se in virtù di questo patto ti impegnerai a seguire e a mettere in pratica tutte le strategie contenute in questo libro, io mi impegno sin da subito a darti tutte le tecniche che ti permetteranno di gestire la timidezza e la poca fiducia che hai in te stessa/o, e a sprigionare finalmente la sicurezza di cui hai bisogno.

Ricordo che quando ho pensato di scrivere un libro molto sinceramente pensavo solo di farmi un po' di pubblicità, di farmi conoscere e di fare un sacco di soldi con le vendite che può fare un libro distribuito su larga scala. Ma non era solo una questione di soldi o di popolarità.

È che io tutti i miei contenuti, tutte le mie energie, tutto il mio sapere, li metto nei miei corsi di crescita personale e di public speaking. Nei miei eventi di comunicazione efficace, nel mio lavoro quotidiano di creazione di contenuti di valore quali i video che realizzo su YouTube, gli articoli del mio blog, gli ebook gratuiti e il materiale formativo che distribuisco sui social, le decine di post che pubblico ogni giorno su Facebook e Instagram, insomma tutto, ma proprio tutto, come direbbe qualcuno: sangue, sudore e lacrime.

Poi però mentre buttavo giù parole su parole, mentre scrivevo, cancellavo, sbagliavo e modificavo, mentre leggevo lo stesso rigo decine e decine di volte ho capito che qualcosa era cambiato. Il mio libro non poteva servire solo come bigliettino da visita o come regalo per il prossimo Natale, era qualcosa di più. Era intimo, raccontava la mia storia, scendeva in profondità, esplorava anche le mie esperienze più nascoste, quelle più dolorose che poi sono anche quelle che mi hanno lasciato di più, quelle che la lezione me l'hanno insegnata veramente.

Mi sono lentamente accorto che in questo volume avevo messo tutte le migliori tecniche e le strategie che avevo appreso durante i miei corsi, tutte le abitudini potenzianti e i comportamenti che ho testato io stesso, giorno dopo giorno, durante il mio percorso con non poche difficoltà, e che ancora oggi metto in pratica costantemente per vivere una vita di qualità, la migliore che posso vivere, per non regalare al tempo un altro minuto di timidezza.

Mi sono accorto che il mio libro era diventato man mano che lo scrivevo il mio lascito, il mio contributo al mondo, vi avevo condensato all'interno tutte le tecniche e le strategie che mi hanno permesso di credere in me stesso, di diventare più sicuro e innamorato della vita.

Era la storia di come io ho affrontato l'insicurezza e la mancanza di autostima, di come ne sono uscito, di come la timidezza prima mi ha condannato e poi mi ha salvato, di come prima mi ha messo al tappeto e poi mi ha risollevato.

Perché se oggi ho scritto un libro, sono un coach, tengo corsi di formazione, aiuto le persone a vivere meglio e ad avere abitudini per vivere una vita di qualità lo devo al mio essere timido e al percorso che ho intrapreso per lasciarmi alle spalle quel mio essere e riscoprirmi migliore di come ero.

E oggi quando vedo persone che non riescono a reagire, a uscire dalla propria situazione, quando sento persone che non riescono a dire ciò che vorrebbero per la troppa paura di essere giudicate, per la troppa paura di affrontare il passato, o per l'incertezza del futuro, allora ecco che mi viene quell'irrefrenabile voglia di fermarle per strada, sul lavoro, in macchina, in metropolitana e ovunque esse siano e dire loro: «Le cose non stanno come pensi», «La timidezza è una scelta e tu... Tu puoi essere migliore di così».

Per questo motivo questo libro negli ultimi due anni è divenuto un mezzo per me per contribuire, per lasciare qualcosa al mondo, soprattutto a coloro, quelli più timidi, che in un'aula non entreranno mai, quelli che si perderanno e che già si stanno perdendo un gran bel pezzo di vita e tantissime opportunità. Che magari vorrebbero anche formarsi o parlare con un coach, ma per i motivi che entrambi sappiamo rinunciano. Perché ci sono passi nella vita che non riusciamo a fare e non sempre riusciamo a spiegare a noi stessi il motivo.

Ma sai cosa penso: da un libro non devi per forza andare, lo puoi anche incontrare, sempre per quello strano mistero che non puoi spiegare, che un libro lo puoi trovare, te lo possono regalare, lo puoi leggere per sbaglio. Lo puoi trovare nel bagno di un amico, su uno scaffale dello studio di tuo padre, lo puoi trovare sul comodino della persona che hai appena dovuto salutare per l'ultima volta.

Ecco come la penso, un libro ti cerca lui. E ti trova stanne sicuro, come gran parte dei libri che ho letto hanno trovato me. Non me li sono andati a cercare anzi non li volevo neanche leggere o comprare ma sono arrivati. Allora spero che questo libro arrivi al momento giusto alla persona giusta e spero che tu sia disposto ad aspettare perché sai come si dice: «Le cose belle nella vita arrivano, se sai aspettare».

Se ti stai ancora chiedendo perché dovresti leggere questo libro una prima risposta è: perché credo nei libri, e credo nella loro unicità nella loro magia... Nel fatto che non arrivino mai per caso. Ora, se vogliamo tornare al nostro patto, io ti garantisco che se andrai avanti nella lettura potrai trovare la serenità che meriti e iniziare a vivere una vita più degna e di qualità.

Attenzione non ho detto più facile, e nemmeno più semplice, ma una vita dì qualità, una vita che tu scegli di vivere, in linea con ciò che vuoi, coerente con ciò che sei. Perché come dice il vecchio saggio: «Se vuoi una vita difficile fai le cose facili ma se vuoi una vita facile, fa le cose difficili».

Al tuo successo,
Emanuele

Giorno 1:
Puoi essere migliore di così

Dice un vecchio film: «Nasciamo con le mani piene per questo da neonati stringiamo i pugni, perché abbiamo i doni più meravigliosi che si possano desiderare: L'innocenza, la curiosità, la voglia di vivere.

Poi però veniamo allevati nel timore di Dio, quindi non possiamo farcene una colpa se poi abbiamo anche timore di tutto il resto. Siamo cresciuti con il mito del posto fisso, la carriera, il successo, per questo ci sentiamo sempre poveri e inadeguati. Stiamo scappando perché non ci hanno dato le armi giuste per resistere.

E quando scopriamo che la nostra squadra del cuore non ci ricambia, che la nostra amica banca si ricorda di noi solo se andiamo in rosso, che il lavoro della nostra vita, la nostra vita la vuole tutta, ci sentiamo sconfitti. Ci sarebbe bastato poco, tipo avere dei sogni davvero nostri, partoriti dalle nostre ambizioni e non dalla sala riunioni di una multinazionale, tipo imparare a richiudere i pugni, come da neonati, per tenere stretta in mano la nostra vita...».

A proposito di te...

Non so sei grasso o in sovrappeso, non so se sei grassa o in sovrappeso. Non so se siete alti, magri, pelati, senza denti, se vi hanno picchiati da piccoli o se hanno abusato di voi. Non so neanche se siete senza soldi, falliti o protestati, o se siete imprenditori di successo, investite in borsa e avete una famiglia bellissima.

Magari avete avuto un'infanzia stupenda, dei genitori fantastici e avete vissuto la vostra vita circondati da tantissimi amici. In qualsiasi caso la timidezza non è una malattia e la fiducia in voi stessi ve la dovete meritare qualsiasi sia il vostro passato o la vostra situazione attuale.

Funziona nello stesso identico modo di come funziona con gli altri. La fiducia ce la dobbiamo guadagnare con i comportamenti, con la routine quotidiana, attraverso abitudini consolidate che ci fanno fare piccole azioni ogni singolo giorno della nostra vita. E se così funziona lì fuori con le altre persone del pianeta, perché voi pensate di essere diversi?

Sono le azioni che fate, i comportamenti che tenete, i pensieri che avete, le emozioni che sprigionate ogni giorno a determinare se siete meritevoli della fiducia in voi stessi. Si chiama coerenza ed è quello stranissimo equilibrio fra la parte più profonda di te, ossia la parte inconscia, e il tuo "sé" conosciuto, ossia la tua parte conscia.

Non importa quali sono le tue caratteristiche economiche, fisiche o sociali, non importa quanti chili ti porti addosso, o quanti fallimenti hai alle spalle. Conosco moltissime persone che sanno cosa significa vincere sentendosi lo stesso dei perdenti e questo accade perché non è inanellando una serie di successi che diventiamo persone di successo.

Ci possiamo definire persone di successo quando troviamo quel maledetto equilibrio, quando sostituiamo le credenze limitanti con le quali sabotiamo ogni giorno noi stessi, e iniziamo a sentire di essere abbastanza.

Abbastanza per noi, abbastanza per il mondo lì fuori, abbastanza per vivere questa vita che non è né giusta né sbagliata, né bella né brutta, né grassa né magra, né ricca né povera… È solo nostra. La più grande epidemia degli ultimi quindici anni si chiama paura di non essere abbastanza. Questa paura è alla base dei nostri conflitti familiari, delle malattie psicosomatiche, dei problemi di dipendenza.

Ma immagina cosa accadrebbe alla tua vita se di colpo percepissi dentro di te di essere abbastanza. Se prendessi consapevolezza del tuo valore e ti sentissi immediatamente una persona capace. Tutto cambia nel momento in cui ti accorgi che questa vita non è né buona né cattiva, né dolce né amara, non è nemmeno grassa o magra, ricca o povera… La vita semplicemente se ne frega.

Come avrebbe detto Giorgio Bocca: «Una natura né buona né cattiva, ma indifferente». Non so qual è il tuo passato e ancor di più ignoro il tuo presente, ma so per certo, perché ci sono passato anche io, che la responsabilità della vita che stai vivendo è solo tua. È la diretta conseguenza dei pensieri, delle emozioni, delle azioni, delle decisioni del tuo passato, in particolar modo degli ultimi dieci anni.

E vuoi sapere la bella notizia? Non ha importanza dove ti trovi oggi, se ti trovi in una bella casa o se stai sguazzando in una fogna, qualsiasi sia la tua condizione puoi cambiarla.

Puoi trasformare la timidezza in sicurezza, puoi avere più fiducia in te, puoi dimagrire o ingrassare, puoi arricchirti o lasciare il lavoro, puoi sentirti più a tuo agio in qualsiasi situazione se lo vorrai, a patto che tu sia disposto a fare le giuste azioni correttive e ad adottare le giuste strategie.

Quale sogno oseresti inseguire se fossi sicuro di non poter fallire?

Prima di andare avanti rispondi a questa domanda: «Cosa faresti se fossi sicuro di non poter fallire?». Te lo chiedo perché sono sicuro che anche tu hai un sogno che tieni chiuso nel cassetto, anzi penso proprio di non sbagliare se dico che ne hai anche più di uno.

Se oggi stai leggendo queste pagine è perché ho realizzato un sogno che fino a poco tempo fa credevo irrealizzabile, perché se stai leggendo queste pagine significa che ho scritto il mio libro. Devi sapere che il motivo per il quale non prendevo mai la decisione di scrivere un libro, nonostante fosse un mio grande sogno, era dato dal limite che io stesso mi ponevo.

Hai capito bene! Io ero il limite di me stesso, con le mie scuse, i miei "e se…", i miei "ma cosa penseranno gli altri", i "non sarò interessante", e altre frasi che la mia mente continuava a ripetersi per evitare di fare i conti con l'impegno reale che richiedeva il mio risultato. Se stai leggendo queste pagine sono sicuro che in almeno un'area della tua vita sei tu il limite di te stesso.

Molto probabilmente se le cose nella tua relazione non vanno è a causa delle scuse che ti racconti ogni giorno, se il tuo business non decolla o se non riesci a trovare il lavoro che più ti piace è perché fai una serie di azioni ripetute che generano sempre gli stessi risultati che non ti soddisfano

Se non riesci a metterti in forma è perché le strategie alimentari che usi non producono i risultati che ti aspetti, o le tue convinzioni che riguardano il cibo o lo sport sono disfunzionali. Insomma, qualsiasi sia il motivo sappi che tu sei il problema, ma sei anche la chiave.

Sì hai capito bene, tu sei l'unico che ti sta mettendo i bastoni tra le ruote e l'unico che ti può aiutare. Tu sei il tuo miglior alibi, ma rappresenti anche tutte le tue possibilità.

Solo tu sai ciò che vuoi e solo tu sai darti ciò che vuoi
Nelle pagine che seguiranno ti darò una serie di indicazioni pratiche, concrete per raggiungere il tuo obiettivo qualsiasi esso sia. Le strategie per riprendere in mano quel sogno che hai riposto nel cassetto, dietro ai tutti i tuoi: "non ce la faccio", "questo non fa per me", "avevano ragione quando mi dicevano"…

Ti avverto nonostante tante cose possano sembrare banali non c'è nulla di semplice, ti ho avvertito il limite sei tu, quindi per raggiungere i tuoi risultati e realizzare i tuoi sogni devi agire, devi mettere in discussione te stesso e ciò in cui credi. Devi andare oltre i tuoi "ma io sono fatto così".

Perché se oggi in questa situazione, con le azioni che fai non riesci a ottenere ciò che vuoi, l'unico modo è cambiare approccio, adottare strategie differenti che ti porteranno a risultati differenti. Un vecchio adagio recita: «Se fai sempre le stesse cose otterrai sempre gli stessi risultati».

La prima strategia è quella che adottano i grandi campioni, ossia quella di avere al proprio fianco un allenatore, un coach, un mentore che c'è già passato. Una persona che è entrata nella foresta con tutti i suoi ostacoli, ha percorso la strada e alla fine è anche riuscita a uscire dalla foresta dopo aver affrontato e risolto tutte le difficoltà.

Una persona che ti possa guidare laddove da solo non riesci a spingerti, ma che riesca a individuare ciò che finora non sei riuscito a vedere, un po' come l'allenatore a bordo campo fa per la sua squadra, che riesca a sostenerti nei momenti particolarmente faticosi in cui in passato hai mollato. Se sei pronto allora io non perderei altro tempo e se me lo permetterai sarà un onore per me essere il tuo coach personale.

Brucia le tue navi

Ti voglio raccontare qual è a mio avviso il miglior modo per affrontare la timidezza. Siamo nella prima metà del quindicesimo secolo quando il generale Hernan Cortes a capo di cinquecento soldati sbarca sulle coste dello Yucatan. Lo scenario che si trova davanti è terrificante, 5000 Aztechi antropofagi non disposti a cedere il proprio territorio volentieri. Nel momento in cui la battaglia si fa difficile gli uomini di Cortes pensano bene di rivolgere la prua delle proprie navi verso la Spagna così da rendere più agevole la fuga. Trovandosi questa scena di fronte, Cortes nella notte brucia le navi del suo stesso esercito ed esorta i suoi soldati a vincere. E così fu.

La domanda che ti voglio fare è: sei disposto a bruciare le tue navi? Sei disposto a tagliare tutti i ponti che ti legano al passato? Ma soprattutto senti di avere un perché abbastanza forte come i soldati di Cortes? Questi sono elementi essenziali per conquistare te stesso e per sviluppare la tua sicurezza personale, ricorda: "vince l'uomo che pensa di poter vincere".

E per vincere, in questo libro ti voglio guidare attraverso la filosofia del guerriero, che è quella che devi assolutamente possedere per attingere in modo definitivo e prepotente alle risorse racchiuse dentro di te, che è quella di cui hai bisogno per prendere una decisione e non tornare più indietro. Qualcosa del tipo: «Vincerò o morirò nel tentativo di riuscirci».

Sappilo non ci sono "se", non ci sono "ma" l'unico modo per realizzare un cambiamento è credere, decidere e agire. Se vuoi allontanarti da quelli che sono gli atteggiamenti di timidezza, insicurezza, non basta smettere di fare alcune azioni, devi iniziare a sviluppare atteggiamenti di fiducia e per farlo hai bisogno innanzitutto di un perché forte, un motivo che ti impedisca di ritornare ai vecchi comportamenti.

Devi in pratica bruciare le tue navi, devi essere deciso a tutti i costi che arriverai fino in fondo. Devi convincerti che non sei il tuo passato e che non sei i tuoi comportamenti, sei molto di più.

Per questo motivo ti chiedo di fermarti, qui, ora e di scrivere "i tuoi perché". Quali sono i motivi che ti spingono a intraprendere questo percorso e a leggere questo libro? E perché dovresti arrivare alla fine? Perché sei stanco di essere timido? Perché non ti piacciono i tuoi attuali comportamenti? Perché li vuoi cambiare? Pensa alle persone a te care, cosa significherebbe per loro se tu fossi più sicuro? E al lavoro?

Cosa accadrebbe se domani smettessi di sentire di non essere abbastanza e ti sentissi sicuro e fiducioso della persona per te più importante, ossia tu? Fermati e rispondi a queste domande, non andare avanti nella lettura, prenditi del tempo per te, per scoprire "i tuoi perché forti".

Non sarà semplicissimo rispondere a queste domande ma credimi il tempo che gli dedicherai ora, sarà un investimento per non mollare in futuro, per non perdere quello che avrai costruito. Le risposte che darai permetteranno al tuo inconscio di conoscere cosa è davvero importante, non sottovalutare il potere della mente inconscia.

Dai a te stesso la possibilità
Sii disposto a bruciare le tue navi. Sii disposto a lasciarti tutto alle

spalle, a lasciare andare quelle zavorre che ti tengono legato ai tuoi vecchi comportamenti. Non pensare alla persona che sei stata fino a ieri ma pensa solo in termini di chi puoi diventare. Convinciti che tu non sei i tuoi comportamenti, sei molto di più, non ti devi più percepire come la persona che eri, priva di fiducia in se stessa, bensì devi percepirti come puro potenziale in divenire. Per farlo hai bisogno di sviluppare tre abilità fondamentali.

La prima è il Personal Power, ossia il potere della mente. La capacità di agire e di fare azioni concrete. L'atteggiamento mentale sarà quello che ti porterà a cambiare i tuoi vecchi comportamenti e ti permetterà di adottarne di nuovi.

La seconda abilità è il Know-how, ossia tutte quelle competenze che devi acquisire per diventare la persona che vuoi diventare. Del resto ricorda: «non diventa più facile, sei tu che diventi più forte».

La terza abilità è l'entusiasmo, ossia lo stato d'animo positivo e propositivo che devi mettere in campo e che ti permette di far esplodere le risorse che si trovano già al tuo interno.

Stai realizzando il tuo sogno o quello di qualcun altro?

Si dice che se non stai realizzando il tuo sogno stai lavorando per realizzare i sogni di qualcun altro, ed è inutile che stia qui a parlarti dell'importanza di avere un sogno, lo diceva benissimo Walt Disney: «Se puoi sognarlo puoi farlo».

Ma realizzare i propri sogni non significa averli nel cassetto, realizzare i propri sogni significa aprirlo il cassetto, significa alzarsi tutti i giorni e fare un pezzettino. Come diceva Ghoete: «Senza fretta ma senza sosta».

Perseguire un sogno non è come correre i cento metri, al contrario è come correre una maratona dove molti si fermano a una curva dal traguardo magari dopo aver corso per tantissimo tempo e dopo aver fatto tantissima strada.

Molti a un certo punto si fermano credendo di averle provate tutte. La vera difficoltà sta proprio nel non fermarsi mai, andare avanti facendo quello che si deve fare fin quando non si arriva a fare quello che si vuole fare. Ed è proprio questa la formula del successo: «Fai le cose che devi fare fin quando non arrivi a fare quello che vuoi fare».

Questo è anche il motivo per il quale alcuni ottengono ciò che vogliono e tantissimi altri no. Perché taluni sono disposti a fare quello che altri non farebbero mai. Per poter fare ciò che vuoi devi fare prima ciò che devi.

C'è solo un modo per realizzare i tuoi sogni, prendi in mano la tua vita

Per realizzare ciò che vuoi devi prendere il controllo della tua vita, devi diventare il leader di te stesso e possedere alcune caratteristiche fondamentali. Devi guidare, devi trascinare te stesso e gli altri. Il leader è colui che ha la vision e innalza gli altri affinché la vedano. Il leader è colui che fa la cosa giusta, colui che ha la capacità di mettere in condizioni le persone di fare spontaneamente di più di quanto farebbero.

Visione e azione sono le due cose che devi possedere per realizzare il tuo sogno. Perché la visione senza azione rimane solo un sogno, mentre l'azione senza visione è andare avanti a tentativi e questo un leader non può permetterselo.

I 5 passi per realizzare i tuoi sogni

Il primo passo verso la realizzazione dei tuoi sogni è chiederti cosa vuoi. Altrimenti potresti uscire ogni giorno e fare tante azioni diverse, provare tante cose, che però non ti avvicinano minimamente ai risultati che vuoi ottenere.

Ci sono moltissime persone lì fuori che vorrebbero di più dalla vita, ma se gli chiedi cosa vogliono davvero o qual è il loro sogno non sanno risponderti. L'unica cosa che sono capaci a improvvisare è una lista delle cose che non vogliono, ma così è come guidare a 130 chilometri orari in autostrada guardando lo specchietto retrovisore.

Il secondo passo consiste nell'individuare lo strumento giusto, le risorse di cui hai bisogno per realizzare il tuo sogno. Il terzo passo consiste invece nel rimanere concentrato, fedele al tuo sogno, altrimenti corri il rischio di focalizzarti su una serie di cose che non ti avvicinano minimamente ai tuoi desideri. Rimani concentrato sul tuo sogno e dirigi lì tutte le tue energie. Molte persone falliscono nella loro impresa perché cambiano focus di continuo, provando ogni giorno una nuova dieta, un nuovo progetto, un nuovo lavoro, un nuovo network e si ritrovano alla fine dell'anno con tante cose iniziate ma nessuna portata a termine.

Il quarto passo è la persistenza. Il successo ha bisogno di costanza oltre che di concentrazione. Fai quello che devi fare tutti i giorni senza saltarne neanche uno. Il quinto e ultimo passo è: Fallo fino alla fine. Fai tutte le azioni necessarie finché il tuo sogno non si è realizzato.

Pianifica i tuoi sogni

La maggior parte delle persone sopravvaluta quello che può fare in un anno, ma sottovaluta quello che può fare in cinque anni. Pianifica a cinque anni, butta giù delle strategie a lungo termine che ti consentano di programmare il tuo cervello, facendogli vedere dove vorrai essere fra cinque anni e quale sarà il nuovo Te. Chi sarai, dove sarai e con chi.

Se leggi un libro al mese per cinque anni puoi diventare la persona più autorevole del tuo settore. Se leggi due libri al mese per cinque anni puoi diventare un guru mondiale del tuo settore.

Impara, migliora, cresci

Alla base di ogni cambiamento c'è una formula che non è possibile trascurare: Imparare per migliorare, per crescere. La semplice ragione per la quale non possiamo ignorare queste parole è che uno dei bisogni umani che noi dobbiamo soddisfare è il bisogno di crescita. Ricorda: «Ciò che non cresce muore, e noi per non morire dobbiamo crescere di continuo».

Alla base della crescita, che sia essa personale o professionale c'è il miglioramento. Se vogliamo per esempio far crescere la nostra azienda dobbiamo migliorare le performance aziendali, ottimizzando i processi, gestendo al meglio le risorse, incrementando la produttività. E per la tua azienda personale ossia la "IO spa" dove tu sei proprietario, socio, amministratore delegato, primo dipendente, vale la stessa identica cosa, la crescita sta alla base di qualsiasi processo.

E per migliorare è necessario studiare, apprendere, aggiornarsi e tenere affilata la lama. Tutto parte dall'apprendimento di nuove informazioni, nuove conoscenze che ti permetteranno di fare azioni diverse, che genereranno risultati diversi nella tua vita.

Il cambiamento parte da te

Se vuoi apportare un cambiamento significativo nella tua vita, innanzi tutto devi assumerti la piena responsabilità di tale cambiamento. Tutto parte da te e solo da te. Si dice a tal proposito che il nostro "io" più profondo, la nostra personalità, sia chiusa in un cancello del quale solo noi abbiamo la chiave. Ossia questo cancello può essere aperto solo dall'interno.

È per questa ragione che le persone non cambiano quando lo vogliono gli altri, perché noi non possiamo cambiare nessuno se non noi stessi. Tutti i cambiamenti e i comportamenti devono e possono partire solo dall'interno, e ogni cambiamento avviene per una di queste due ragioni:

- Per ispirazione
- Per disperazione

Peccato che la maggior parte delle persone nel mondo faccia le cose per disperazione e inizi a muoversi solo quando arriva al di sotto del limite di sopportazione.

3 step per ottenere un cambiamento

Qualsiasi cambiamento passa attraverso 3 fasi. La prima è la pianificazione del futuro. Dobbiamo fare chiarezza, sapere cosa vogliamo, dove stiamo andando, chi vogliamo diventare. Perché se non sappiamo dove stiamo andando molto probabilmente non ci arriveremo mai. Per raggiungere il successo, diceva Jim Rohn: «Dobbiamo diventare il nostro successo».

La seconda è la conoscenza della realtà. Dobbiamo sapere dove ci troviamo, qual è la nostra condizione attuale, sapere cosa interferisce con la nostra felicità. Per arrivare alla situazione desiderata dobbiamo fare i conti con le nostre paure, le nostre inadeguatezze, le convinzioni limitanti, e per affrontare queste cose dobbiamo individuarle.

La terza è la decisione e l'azione. Dobbiamo decidere e agire. Senza azione non succede nulla. Tutte le strategie, le tecniche, i piani, rimangono solo teoria. Prendiamo una decisione, quella del cambiamento a tutti i costi e agiamo in quella direzione senza "se" e senza "ma", è la filosofia del guerriero ricordi? Otterrò ciò che voglio, o morirò nel tentativo di riuscirci.

Tu possiedi già il potenziale per cambiare

Sappi che tu possiedi già il potenziale per cambiare, possiedi dentro di te tutte le risorse di cui hai bisogno per divenire la migliore versione di te stesso. Quello che devi fare ora è individuare il modo per tirarle fuori. Credimi, nella vita ognuno di noi può ottenere ciò che vuole a patto che esistano tre condizioni:

- Dobbiamo volerlo intensamente;

- Dobbiamo conoscere le giuste strategie;

- Dobbiamo applicarle.

Nelle pagine che seguiranno ti illustrerò le tecniche e le strategie che mi hanno permesso di essere più sicuro, fiducioso nei miei mezzi e di gestire la mia timidezza. Nota bene, ho detto gestire, non uscire e nemmeno guarire. Una sola avvertenza: è la mia storia, è qualcosa che ha funzionato su di me e continua a funzionare.

Tu sei la tua storia, quindi prendi ciò che ritieni utile e butta via il resto, la regola da seguire non è "ci credo se vedo", bensì "vedo se credo". Hai capito bene, solo se credi in ciò che fai e nella tecnica che deciderai di utilizzare inizierai a vedere i risultati. Ti sentirai più fiducioso e sicuro di quella strana cosa che hai sulle spalle… La tua mente.

Inizia a volergli bene è la cosa più potente che hai. Il tuo genio della lampada, il tuo gigante, il tuo peggior nemico… La chiave per il tuo successo.

La timidezza fa schifo ma mi ha salvato la vita

Hai mai ringraziato la tua timidezza? E sì, perché quando inizi a ringraziare la tua timidezza allora è lì che tutto cambia. A dirti la verità io ho sempre maledetto la mia timidezza, il mio non riuscire a relazionarmi con le altre persone, la paura che per anni non mi ha permesso di fare cose che invece avrei fatto, di cogliere le opportunità che la vita mi offriva.

E invece oggi eccomi qui a ringraziare la mia timidezza, a essere grato per questo freno interiore che non mi ha sempre permesso di essere e fare quello che volevo. Se non fossi stato timido oggi non sarei a questo punto, e questo libro molto probabilmente non lo avrei mai scritto.

Come dice il Dott. Claire Weekes: «La forza non nasce dalla forza. La forza può nascere solo dalla debolezza. Si grato delle tue debolezze ora stesso, loro sono l'inizio della tua forza». Quindi oggi a 39 anni ringrazio la mia timidezza che mi ha permesso di scoprire dentro di me la forza che mi ha spinto a ricercare ciò che mancava nella mia vita e mi ha infuso una continua voglia di essere sicuro, forte, fiducioso.

La ringrazio oggi questa timidezza perché mi ha spinto alla costante ricerca della fiducia della persona più importante che conosca... Me stesso. Perché quando sei timido le persone davvero importanti sono gli altri e tu che ti senti piccolo e indifeso sei lì a pensare a cosa penseranno di te e a come ti giudicheranno.

Finisci per essere ossessionato da tutto ciò che è intorno a te, da quello che devi dire o fare e finisci per non vivere il momento. La verità è che essere timidi significa tante cose e molto di più. Significa essere gentili, significa non interrompere gli altri, vuol dire essere educati e saper essere buoni ascoltatori. La timidezza mi ha dato modo di essere tutto questo e anche di più... Di rispettare le persone, tranne me stesso. Ecco perché fa schifo.

Quando sei timido troppe volte non hai rispetto per te stesso mettendo davanti il bene degli altri. Non riesci a dire di "no" e quindi anche se non vuoi finisci col dire di "sì", ma in questo modo anche se inconsciamente dici di "no" a te stesso.

Ho invidiato in passato le persone sicure che dicevano di "no" a cuor leggero, anche con una certa arroganza, che però dimostravano rispetto per se stessi innanzitutto. Ed ecco perché mi ha salvato la vita. Perché se oggi sono quello che sono, è perché da timido ho ascoltato, sono rimasto invece di andare, ho preferito prendere invece di lasciar perdere.

La timidezza è stata ciò che mi ha spinto a fare ciò che ho fatto fin qui nella mia vita, i miei corsi, i miei viaggi, una ricerca continua della felicità e del mio stile di vita perfetto, il life style tagliato su misura per me, o per lo meno, di una situazione che mi consentisse di sentirmi a mio agio.

La costante ricerca della fiducia in me stesso mi ha portato a fare cose che mai avrei sognato di fare come ballare davanti a migliaia di persone, fare l'animatore nei villaggi turistici, essere il protagonista di musical, diventare un trainer e parlare a centinaia di persone di tecniche di crescita personale per uscire dalla timidezza e sentirsi più sicure e fiduciose...

Nelle prossime pagine ti parlerò di me, del mio metodo e di ciò che ha fatto la differenza nella mia vita, e soprattutto ti parlerò di ciò che mi ha permesso di essere qui oggi a scrivere questo libro, a dare voce ai miei pensieri, ciò che mi ha permesso di urlare al mondo che la persona più importante sono io.

Il peggior limite di te stesso, sei tu

Ho sempre pensato di non voler essere un'opzione. Sin da piccolo volevo essere un "numero 1" ma non mi sentivo decisivo in nulla, non mi sentivo adeguato in nessuna situazione, era come se fossi continuamente spettatore della mia vita. Non so come ti senti tu in questo momento e non so cosa provi… Ma io mi sentivo uno spettatore anche nella mia vita, dove il protagonista era sempre qualcun altro.

Devi sapere che sono in valigia da quando avevo 16 anni, nonostante due case di proprietà e senza avere avuto bisogno di fare un solo trasloco, ma io la valigia in mano, l'ho sempre tenuta. Perché la mia indole è sempre stata quella di scappare, di fuggire dalle situazioni, dai luoghi, dalle persone… Fuggire da me stesso, ma come dice anche Ligabue in un suo film: «Da te stesso non fuggi neanche se sei Eddy Merckx».

E io oggi questo te lo posso dire con certezza perché ci ho provato un sacco di volte a fuggire, a cambiare posto, città, paese, a lasciare indietro le altre persone prima, e me stesso dopo, ma non ho risolto niente, la mia timidezza, i miei insuccessi, l'abitudine alla sconfitta sono sempre venuti con me.

Era come essere dentro un film
Ho provato tantissime cose e sono sempre stato estremamente inconcludente. A scuola non ero un fenomeno, anzi mi spendevo

il minimo per arrivare alla mediocrità. Mantenevo però quella voglia di emergere e così mi sono dedicato all'arte, ho iniziato a suonare la chitarra, poi il pianoforte, poi ho provato con il teatro.

Quando è morto mio padre avevo 18 anni e per quanto mi sentissi forte e spavaldo, pronto per affrontare la vita vera, non ero preparato per ereditare la sua azienda, non avevo le competenze, non avevo il mindset giusto, mi mancavano tutta una serie di informazioni e di abilità che erano necessarie per gestire un'attività in proprio e gestire altre persone, e io a quanto pare all'epoca riuscivo a malapena a gestire me stesso.

Per quell'irrefrenabile voglia di scoprire nuove cose e di lasciare andare tutto il resto nel 2001 iniziai a ballare, e la cosa più straordinaria fu che le persone che avevo intorno finalmente credevano in me e nelle mie potenzialità, era qualcosa alla quale non ero affatto abituato.

Se ci penso oggi a distanza di anni, quella signora che mi tirò fuori dal mio ambiente e mi insegnò a ballare fu il mio primo coach, aprendo un mondo nella mia testa, che fino ad allora non avrei neanche pensato esistesse... Che imprevedibile a volte la vita.

Fino all'età di 20 anni avevo solo tirato calci a un pallone e lasciato tutto al caso prendendo ciò che arrivava. Finalmente però capivo in quel momento che con determinazione e volontà potevo ogni cosa. Era straordinario, in soli tre anni raggiunsi risultati incredibili ballando come non avrei mai immaginato ed esibendomi davanti a migliaia di persone.

La mia determinazione e la mia volontà tramite la danza sembravano aver "guarito" la mia timidezza e con essa tutti i miei silenzi. Per la prima volta non avevo paura, per la prima volta mi sentivo all'altezza, una strana sensazione che pochissime volte avevo provato. Già! Sentirsi all'altezza. Una sensazione meravigliosa quasi sempre fino ad allora sconosciuta.

RIEPILOGO DEL GIORNO 1:

- SEGRETO n. 1: La timidezza non è una malattia non si cura e da esse non si guarisce. La timidezza si gestisce.

- SEGRETO n. 2: Per affrontare la timidezza devi essere disposto a bruciare le tue navi, a lasciare andare il tuo passato, devi essere disposto a imparare, migliorare, crescere.

- SEGRETO n. 3: Tu sei il limite di te stesso, ma sei anche la chiave. Solo tu sai ciò che vuoi e solo tu puoi darti ciò che vuoi.

- SEGRETO n. 4: O stai realizzando i tuoi sogni o stai realizzando i sogni di qualcun altro, quindi prendi per mano la tua vita e diventa il leader di te stesso.

- SEGRETO n. 5: Si dice che il nostro "io" più profondo sia rinchiuso in un cancello del quale solo noi possediamo la chiave. Sei tu l'unico a poter innescare un cambiamento.
Sei tu l'unico responsabile di ciò che accade nella tua vita.

Giorno 2:

Sconfiggere la paura di non essere all'altezza

Sii ciò che sei e di sempre ciò che senti,
perché quelli a cui importa non contano e
a quelli che contano non importa.
Bernard M. Baruch

Quando ero bambino passavo le ore a vedere i miei vicini di casa giocare a pallone giù in cortile. Dio se ci penso, che voglia che avevo di giocare, che voglia di prendere anche io a calci quel pallone, ma piuttosto che domandare se potevo giocare me ne rimanevo lì seduto in silenzio, da solo, aspettando che qualcuno venisse a chiedermelo. Peccato che ancora oggi sto aspettando.

E quante volte mi è successo di trovarmi a parlare con qualcuno che mi dicesse: «Conosci quella canzone?» o «Non sai cos'è successo?», e non hai idea di quante volte io abbia risposto: «Sì bella davvero» o «Certo che so di cosa stai parlando», senza però avere la minima idea di ciò di cui si parlava.

Quante volte sarà capitato anche a te di mentire perché non ti sei sentito all'altezza della situazione, perché hai reputato il tuo interlocutore meglio di te, senza mettere in dubbio neanche per un istante quel pensiero di inadeguatezza che prendeva il sopravvento nella tua testa.

Gli altri sono sempre meglio

Quello che fanno gli altri è sempre meglio. Non so se anche tu hai mai affrontato quella fase dove hai guardato le altre persone con un po' di invidia. Per anni ho combattuto con i miei mostri mentali che non facevano che farmi vedere ogni situazione della realtà in maniera distorta.

Sin da piccolo trovavo gli altri migliori di me, sempre calati nella realtà perfetta, i miei compagni di classe a scuola che sapevano già cosa avrebbero fatto da grande, i miei amichetti che avevano già il loro sport preferito ed erano parte di una squadra e di un sistema, per non parlare di chi aveva già scelto l'università o le proprie passioni. Ti lascio immaginare le emozioni che mi portavo dentro, io che non sapevo nemmeno quale era la mia musica preferita, per anni mi sono sentito sempre fuori luogo.

Mi rendo conto, se oggi guardo indietro, di essere sempre stato differente dalla maggior parte dei miei amici, proprio perché caratterialmente, timido, introverso, riservato. Prediligevo la solitudine piuttosto che uscire o incontrare persone, un libro piuttosto che l'aperitivo, stare a casa piuttosto che uscire il sabato sera, e tutt'oggi le cose stanno in questo modo, solo che ho imparato a conoscermi, ad accettarmi e a preferire me e le mie preferenze piuttosto che gli schemi convenzionali.

La verità è che non possiamo sapere tutto

Oggi sono consapevole che non possiamo sapere tutto, non possiamo essere informati su tutti gli argomenti, dobbiamo prendere coscienza del fatto che ciò che è importante per gli altri o ciò che per le altre persone è così scontato, per noi non lo è, perché noi ci siamo interessati ad altro.

È solo una questione di attenzione

Devi convincerti che tu saprai altre cose. Se ti guardi indietro potrai scoprire che in passato avrai messo la tua attenzione in altro, ti sarai concentrato su cose più di nicchia, ed ecco il motivo per il quale non ti devi sentire meno, ma solo affrontare l'argomento nuovo con mente aperta.

La più grande epidemia

La più grande epidemia che affligge l'umanità è la paura di non essere abbastanza. La paura di essere imperfetti diventa un limite per molte persone, come anche la paura di non essere abbastanza bravi, abbastanza belli, la paura di non essere abbastanza preparati al lavoro, la paura di non essere pronti per una relazione, sono convinto che tutti o quasi, almeno una volta nella vita hanno provato quell' asfissiante paura di non essere all'altezza.

La mente "mente" per questo si chiama così

La mente è prevalentemente settata al negativo, ci hai mai pensato? Tendiamo a mettere il dito nella piaga. Pensa per un momento a quelle situazioni in cui vuoi intraprendere qualcosa di nuovo come un progetto lavorativo o una relazione ma non sei del tutto sicuro, iniziano a venire alla mente dubbi, limiti e paure. Più il pensiero esplora l'idea, più va verso il fallimento e basta questo per far sì che continui a ripetere a te stesso che non sei abbastanza. Questo ti assicuro nel lungo periodo finisce per diventare la tua realtà.

Scegli di percorrere la strada opposta

L'unico modo per evitare di cadere nel tranello che la mente costruisce per noi è creare una nuova forma di pensiero che sostituisce quella vecchia negativa. Innanzitutto dobbiamo sviluppare un inarrestabile e contagioso ottimismo. Gli studi dimostrano che le persone ottimiste sono quelle che più facilmente ottengono risultati, uno dei motivi per cui ciò avviene è che quando non riescono e falliscono, si interrogano sui propri errori al fine di imparare la lezione. Essere ottimisti implica il fatto di riuscire a trovare il buono in qualsiasi accadimento anche il più fallimentare.

Gli ottimisti assumono una visione positiva di se stessi

Gli ottimisti si chiedono cosa possono fare e quali azioni possono intraprendere per ottenere il risultato che perseguono. Sanno che per la legge della sostituzione la mente può trattenere un pensiero per volta e che quindi contemporaneamente non possono convivere un pensiero positivo e uno negativo. Non possiamo saltare di gioia e nel medesimo istante ribollire di rabbia.

Le aspettative determinano tutto quello che ci succede e

l'ottimista ha una visione irrealistica del successo. Se nutriamo aspettative di successo e felicità, avremo successo e felicità. Aspettati sempre il meglio, perché quando cerchi una lezione di valore la troverai sempre.

A questo proposito è bene ricordare che le persone di successo, quelle che ottengono risultati, hanno sempre più fallimenti delle altre persone, ma imparano anche di più. L'invito quindi è: fai più errori e falli più velocemente possibile, così da imparare più rapidamente. Prova qualcosa di nuovo, scoprirai che la maggior parte delle cose che fai non funziona, ma più cose impari, più strumenti hai per riuscire.

Essere ottimisti è un'abitudine

Essere ottimisti è solo questione di abitudine. Quindi ecco svelato il segreto: Se vuoi essere un'ottimista, sforzati di pensare con ottimismo. Le emozioni negative ti indeboliscono, mentre le emozioni positive ti rendono forte, influenzano in maniera positiva il linguaggio del tuo corpo, danno struttura e corpo al suono della tua voce e rinforzano le parole che dici.

Si innescherà così facendo un processo sensazionale: più sei positivo, più sei in grado di influenzare gli altri e più influenzi beneficamente gli altri più sarai felice, e solo allora scoprirai che più sei felice maggiore sarà la tua influenza. Ecco perché secondo le ricerche l'ottimismo è l'elemento predittivo del successo. L'ottimismo e la felicità sono due facce della stessa medaglia, entrambe assicurano il successo.

Si può imparare a essere ottimisti

La buona notizia che voglio darti ora è che ottimisti si diventa. Gli ottimisti parlano di ciò che vogliono e parlano di come ottenerlo, cercano il buono in ogni situazione e si prodigano per alimentare le loro speranze i loro sogni. Nel caso incontrassero delle avversità scelgono il mantra: «Questa è la strada più breve per arrivare dove voglio arrivare».

Le cose negative e scoraggianti nella vita non solo, è probabile che accadano… È sicuro

Puoi stare certo di una cosa nella vita: «Che prima o poi cadrai». E non succederà una volta sola, ma capiterà numerose volte. Ecco perché è funzionale partire con l'idea che il fallimento è parte del successo. Hai mai visto una squadra di calcio che vince tutte le partite? un atleta che vince tutte le gare? Un' azienda che fa sempre utili? Dobbiamo dare per scontato che cadremo, l'unica cosa che possiamo fare è rialzarci e reagire.

Cambia le parole che dici a te stesso

Anche più avanti, parlando di strategie e di abitudini sentirai parlare delle affermazioni positive. Queste hanno lo scopo di condizionare il tuo subconscio in modo che lavori per te. Quando senti di divenire tu il limite di te stesso e di non sentirti abbastanza, ripeti ad alta voce o anche nella tua mente uno di questi mantra:

«Io sono abbastanza».

«Io posso ciò che voglio».

«Io sono inarrestabile, posso fare cose straordinarie».

Potrebbe inizialmente sembrarti un po' bizzarro, e magari potresti chiederti come ripetere delle semplici frasi possa produrre dei cambiamenti significativi dentro di noi. La risposta è semplice: le parole che usiamo creano la nostra realtà, influenzano i nostri comportamenti perché influenzano i nostri stati d'animo.

Ricorda che quello che dici è il riflesso dei tuoi pensieri. Se dici di non valere abbastanza stai comunicando al tuo subconscio una convinzione e in base a questa deciderai di agire. Al contrario se dici a te stesso di valere di più, di essere abbastanza, i tuoi comportamenti saranno supportati da credenze potenzianti, ossia che tu sei di più, che tu ce la puoi fare.

I "5 non" per affrontare le difficoltà

1) Non lasciarti travolgere dalle difficoltà.

2) Non drammatizzare le difficoltà.

3) Non dire mai che non puoi farcela, le tue risorse sono infinite.

4) Non farti prendere dal panico.

5) Non pensare a tutto ciò che può accadere in futuro, prendi il problema dal punto in cui ti trovi.

Una strategia di grande valore

Voglio chiudere questo capitolo facendo un piccolo riferimento al public speaking, perché lo reputo uno strumento importantissimo per chi vuole spezzare i meccanismi della timidezza, e conseguire risultati eccellenti nel controllo di sé. Sai che sono uno speaker e un formatore e che tengo corsi di public speaking, e proprio il public speaking ha guarito molti dei miei silenzi.

Dalla mia esperienza ti posso dire che imparare a parlare in pubblico può di molto migliorare la qualità della tua vita perché migliora il rapporto che abbiamo con noi stessi e riequilibra quel divario che pensiamo di avere con gli altri. Imparare a parlare in pubblico infatti oggi, non solo ci dà la possibilità di acquisire maggior valore sul mercato e nel mondo del lavoro, ma è una pratica che favorisce il nostro sviluppo personale.

Parlare in pubblico è da considerarsi una pratica terapeutica per chi vuole accrescere la fiducia in se stesso. È quell'azione che non faresti mai, in quanto significa esporsi, significa affrontare un pubblico, significa apprendere come mettersi a proprio agio in situazioni di disagio.

Parlare in pubblico

Battito accelerato, agitazione, pensieri fuori controllo, ansia, mancanza di concentrazione, tremolio. Sono solo alcune delle sensazioni che provi quando ti trovi a parlare in pubblico. Perché parlare in pubblico ti mette a nudo, ti lascia solo con te stesso più di quanto tu non ti senta già. Da questa parte tu e dall'altra il mondo intero.

Ma è in assoluto la cosa che più mi ha permesso di distinguermi, di differenziarmi, la cosa che più di tutto mi ha permesso di uscire dall'anonimato e quindi per forza di cose dalla timidezza. Ma non tanto il salire sul palco e iniziare a parlare, quanto tutto il lavoro che c'è dietro. Lo sanno bene i partecipanti del mio corso di public speaking, "Puoi essere migliore di così", che la vera difficoltà non è tanto arrivare davanti alle persone e iniziare a parlare, quanto quella che precede quel momento.

Preparati a vincere

La timidezza la vinci prima, nella fase di preparazione, quando impari e ripeti, quando ti prepari a vincere. Quando strutturi i tuoi contenuti, quando studi per ricercare le informazioni e saperne più degli altri, quando ti preoccupi del servizio che darai, per essere migliore di quello che sei. Si, tutti sono capaci e disposti a vincere, ma solo pochi sono disposti a prepararsi a vincere.

Ciò che ho imparato è che la paura è frutto dell'impreparazione, dell'improvvisazione. Ansia, paura, tremolio, battito accelerato, e così via, sono la conseguenza della mancanza di tutto il lavoro fatto a monte. Se ti prepari non esiste la timidezza, o per lo meno la gestisci con facilità, la rileghi nel semplice sudore sotto le ascelle, piuttosto che nella secchezza delle fauci.

Una semplice parola: Esporsi

Come ti ho detto una delle cose che più ha fatto la differenza nel mio percorso verso la fiducia e la sicurezza in me stesso è stato il parlare in pubblico. Prendere un microfono in mano e farlo diventare una cosa naturale. In una semplice parola: espormi.

Quando ti esponi ti senti scomodo, ti senti giudicato ed ecco che tutti i tuoi motivi per essere timido si fanno più veri e più concreti. E la mente che è così brava a ingannarci, inizia ad avvalorare tutte le nostre tesi, inizia a portare alla luce una serie di scuse per le quali dovremmo lasciar perdere. Potrei elencartene qui cinque, sei…cento di scuse, ma ti lascio tutto il lavoro. Io ho smesso.

Anzi è proprio quando la mia mente inizia a raccontarmi scuse, e a elencare i motivi per i quali non dovrei farlo o non dovrei espormi, che mi ripeto la frase: Emanuele mettiti a tuo agio anche quando sei a disagio. O ancora: *If you can't, you must*, che tradotto vuol dire: se non puoi allora devi. E non sai quante volte mi sono ripetuto queste frasi, perché io a disagio mi ci sentivo nove volte su dieci.

E ogni volta era la stessa storia… Scuse per mollare, elenco dei motivi per i quali non avrei dovuto espormi, conferme del fatto che avrei fatto bene a rinunciare a parlare agli altri, che quello che avevo da dire non era abbastanza interessante… Frase: Emanuele mettiti a tuo agio anche quando sei a disagio.

I 5 passi per essere preparati

Quello che ho scoperto è che questo percorso era più agevole se mi preparavo prima e se puntavo su cinque semplici passi che mi mettevano in condizione di non potermi più tirare indietro, o ancora meglio, di non volermi più tirare indietro. In questo libro per comodità semplifico molto e ti do solo questi cinque passi che però posso assicurarti possono fare tutta la differenza del mondo nell'approccio con te stesso e con la tua timidezza.

Se in futuro vorrai approfondire, se vorrai diventare un comunicatore o una comunicatrice efficace e fare pratica al fine di disintegrare la tua timidezza in pubblico e accrescere la fiducia in te, ti rimando a frequentare "Puoi essere migliore di così", o uno dei miei corsi di crescita personale e comunicazione efficace, o ad andare a studiare altro materiale sul mio sito https://www.emanuelealoi.it/, troverai una montagna di contenuti e tantissimo materiale per la tua crescita personale.

Ecco intanto i cinque passi della preparazione:
-Individua l'obiettivo
-Individua il tuo "perché"
-Focalizza i punti
-Ripeti
-Power poses,

Individua l'obiettivo
Il primo passo da fare per prepararti a vincere è individuare il tuo obiettivo. In effetti, se ci pensi bene, se non sai cosa vuoi dire

probabilmente dirai altro, ecco l'importanza di chiarire qual è l'obiettivo. Se la tua comunicazione non ha un obiettivo, rischi semplicemente di non dirlo.

Chiarire prima a te stesso cosa vuoi dire e qual è il risultato che vuoi ottenere dal tuo intervento ti permette di stabilire quali sono le cose importanti, qual è il messaggio rilevante considerando che non puoi dire tutto. Avere un obiettivo significa avere una direzione e di conseguenza avere un "perché". Ti permette di tracciare la direzione così da non perdere il focus durante il percorso e centrare il bersaglio.

Quindi prima di qualsiasi intervento in pubblico poniti le seguenti domande: Qual l'obiettivo del mio speech? Cosa voglio comunicare? Qual è il messaggio che voglio trasmettere? Cosa deve fare esattamente il mio interlocutore alla fine del mio intervento? Rispondere a queste domande chiarirà a te stesso il messaggio che vuoi trasmettere e renderà tutto più rilevante nella tua mente perché sarà frutto di un lavoro fisico, mentale ed emozionale.

Individua il tuo perché forte

Individuare l'obiettivo e rispondere alle domande che ho scritto sopra ti costringe a porti un'ulteriore domanda: perché voglio dire questa cosa? Perché voglio espormi? Perché dovrei farlo?

Come diceva Jim Rhon: «Se hai un perché forte, il come arriva sempre». Conoscere il perché del tuo intervento è importante per due motivi principalmente: Ti darà modo di essere più impattante, più emotivamente coinvolto, e quindi sarai più energico, vitale e convinto degli argomenti che starai trattando. Il secondo motivo è che sarà più difficile tirarsi indietro all'ultimo momento.

Secondo i dati infatti il 90% delle persone che non ha un perché si lascia sopraffare dalle emozioni e dalle circostanze durante l'intervento. Il perché è quell'elemento in più che ti impedisce di fuggire quando a un minuto dal tuo intervento vorresti rinunciare.

Focalizza i punti

Il grande vantaggio della preparazione è che ti fa snellire i contenuti. Le persone che non si preparano le riconosci subito perché usano un sacco di parole e tutto ciò di cui parlano è lungo, tutto ciò che dicono è importante ed ecco che sono fumose, noiose, ed ecco perché dopo il primo intervento sono ancora più timide e più insicure.

La regola, al contrario di ciò che pensi è: Se tutto è importante nulla lo è. Ricorda la mente riesce a recepire e ricordare 4/ 5 chunk di informazione, quindi è inutile in un singolo speech trattare 1.000 argomenti e parlare di una miriade di cose.

Scegli 4/5 punti al massimo e focalizzati su di essi. Durante la preparazione individua cosa è importante e focalizzati solo su quei quattro/cinque punti determinanti che chiariscono il tuo obiettivo e che sono in linea con i tuoi perché. Una cosa della quale sono certo è che una cura della mia timidezza è stata la preparazione, sapere cosa dovevo dire e come dirlo.

Ripeti! La forma è più importante del contenuto

Questo è forse il punto più importante, ripetere. Ma non tanto il cosa, bensì il come. Ricorda: la forma è più importante del contenuto, il come dici le cose è più importante del cosa, perché ciò che ti farà apparire sicuro di te è il come ti poni agli altri. E ripetere in continuazione, da solo, in stanza ha il compito di farti diventare più sicuro. Perché te ne accorgerai, ogni volta che ripeti cambieranno le parole, il tono, le espressioni, l'inflessione e ogni volta diventerai una persona diversa.

Credimi la crescita non avviene davanti agli altri, avviene prima davanti a te stesso. La timidezza non la gestisci sul palco, con un respiro o con un esercizio a buon mercato, la timidezza la trasformi attraverso le fasi della preparazione.

Solo dopo sei sicuro

Dopo tutto questo lavoro, già un bel pezzo di timidezza sarà andata e una grande dosa di sicurezza e fiducia in te stesso avrà preso il sopravvento. Ora è il momento di gestire l'ansia e lo stress, ora non resta che gestire la fuga. Ma se sei davvero preparato ti puoi affidare all'ultima fase.

Power poses

L'ultima fase è quel 20% di sforzo che ti rimane da fare per esporti davanti a tutti, per iniziare a parlare conscio del tuo obiettivo, del tuo perché e degli argomenti che vuoi trattare. E allora consapevole della tua preparazione e della persona che sei diventata assumi una postura vincente.

Alza le spalle, alza la testa inizia a muoverti e a saltellare sul posto, alza le braccia al cielo in segno di vittoria, vedrai che il tuo respiro cambia da solo, si fa più cadenzato, più ritmato, il sangue pompa nei muscoli a una velocità diversa, ora non manca più nulla sei un'altra persona, il tuo corpo comunica al tuo cervello una nuova sensazione. Mente e corpo ora sono un tutt'uno e sono pronti.

Con i primi 4 step abbiamo preparato la mente e con l'ultimo il corpo. Ora non ti resta che entrare in scena, guardare il tuo pubblico negli occhi, respirare con lui e con l'emozione che è fantastica, sia mentalmente che fisicamente, credimi, non ti resta che provare… Il risultato è garantito.

Mettiti a tuo agio anche quando sei a disagio.
Ti sembrerò un po' brusco ma è necessario. Se questo non dovesse bastare ricorda di metterci un po' del tuo, aiutati. Ti devi "violentare", devi metterti alla prova di proposito, devi sapere che

anche prendere una decisione è un'abitudine, che anche scegliere è un esercizio. E più ne prendiamo e più faremo pratica per il futuro.

All'inizio si tratterà di imporre a te stesso il compito di scegliere, quello che hai sempre delegato agli altri o che hai sempre evitato di fare perché appariva così difficile. Ma tieni in mente queste parole: «Tutte le cose sono difficili prima di diventare facili». E allora mettiti a tuo agio anche quando sei a disagio. Il tuo compito è quello di porti più domande per iniziare a conoscere di più te stesso, per iniziare a prendere decisioni in base ai tuoi obiettivi, in base a ciò che veramente vuoi nella tua vita.

Solo se e quando avrai fatto chiarezza potrai prendere le migliori decisioni per te e per il tuo futuro. Solo quando conoscerai di più te e i risultati che vuoi ottenere potrai apparire sicuro e agire in armonia. Ma procediamo per gradi, non andiamo di fretta, abbiamo ancora tanta strada da fare, il nostro percorso è appena cominciato.

Prima di continuare però voglio che ricordi una cosa: Siamo tutti terminali in un certo senso, tutti dobbiamo morire. E se tutti dobbiamo morire, allora sarai d'accordo con me, che non ci resta che vivere. Cosa abbiamo da perdere a essere felici.

Ieri e domani hanno poca importanza rispetto all'oggi, rispetto all'adesso. Dai valore al tempo, dai valore all'oggi. Diventa consapevole che dentro di te c'è un gigante e quel gigante può affrontare e vincere qualsiasi difficoltà, qualsiasi problema, qualsiasi sfida. Tu sei un gigante… Il potere viene da dentro.

RIEPILOGO DEL GIORNO 2:

- SEGRETO n. 1: La più grande epidemia che affligge l'umanità oggi si chiama paura di non essere abbastanza.

- SEGRETO n. 2: La nostra mente è settata al negativo, l'unico rimedio è sviluppare un sano e inarrestabile ottimismo.

- SEGRETO n. 3: Studi lo dimostrano, l'ottimismo è l'elemento predittivo del successo, la buona notizia è che ottimisti si diventa.

- SEGRETO n. 4: La cosa più immediata che possiamo fare per condizionare il nostro successo e indirizzarlo verso l'ottimismo mediante le affermazioni positive.

- SEGRETO n. 5: C'è un modo per contrastare la paura di non essere all'altezza e si chiama Public speaking.
Questo diviene una vera e propria terapia per sviluppare la sicurezza in se stessi e sentirsi più sicuri e fiduciosi in se stessi.

Giorno 3:

Le tre abitudini più dannose

Cambia 3 abitudini in un anno
e sarai una persona completamente nuova
Brian Tracy

C'è una storia molto curiosa che in passato mi ha fatto riflettere, e te la voglio raccontare. In Sud America, Africa e Asia, i nativi hanno escogitato un metodo molto efficace per intrappolare le scimmie, il piano è davvero semplice: gli indigeni prendono una zucca (o una noce di cocco) e praticano un foro abbastanza grande da far passare la mano di una scimmia.

Aggiungono un po' di peso extra alla zucca, della sabbia o dei ciottoli, poi mettono una noce o un frutto all'interno e posizionano la zucca in una zona tranquilla. Ecco cosa succede: la scimmia infila la mano attraverso il buco per prendere il cibo ma con il premio in pugno, la scimmia non riesce a sfilare la mano!

Il buco è troppo piccolo perché la mano della scimmia possa passare fintanto che regge il suo trofeo... e la zucca è troppo pesante per essere trasportata dalla creatura. Dato che la scimmia non lascerà andare il suo premio, rimarrà intrappolata. Sembra ovvio... la scimmia dovrebbe lasciare andare l'esca e scappare, ma poiché considera il regalo come suo possesso e non è disposta a lasciarlo andare, la scimmia rimane intrappolata. Perde la sua libertà!

La scimmia agisce per istinto: probabilmente non ha la capacità di riconoscere il pericolo di quell'esca o di prevedere l'immediato futuro, ma noi dovremmo essere in grado di evitare di cadere in una tale trappola. Dico dovremmo perché sfortunatamente la maggior parte delle trappole nella vita sono quelle che creiamo per noi stessi.

Se hai intenzione di trovare la felicità nella vita, devi esaminare cosa stai trattenendo, quali sono i comportamenti ripetuti che ti privano della libertà, e individuare un'idea o una convinzione sbagliata. Proprio come la scimmia che ha scelto di tenere il frutto in mano perdendo la sua libertà.

E tu... a cosa ti stai aggrappando? Cosa ti trattiene dal cambiare il tuo futuro? Se pensi che sia ora di lasciare andare le cose che ti trattengono nella situazione in cui sei, puoi iniziare a valutare nuovi mezzi per scegliere di andare dove vuoi.

Diventiamo ciò che pensiamo

Si dice che il nostro successo viene scandito dalla somma dei nostri comportamenti, ma non quelli che facciamo di tanto in tanto, bensì quelli ripetuti. E poi c'è una frase di Earl Nighteale che dice: Diventiamo ciò che pensiamo. Questi due principi nei quali credo fermamente, hanno avuto un enorme impatto nella mia vita.

Ed è per questo motivo che in questo capitolo ti parlerò delle tre abitudini killer delle quali ti devi sbarazzare assolutamente, comportamenti ripetuti che uccidono letteralmente la tua autostima e ti portano alla definitiva perdita della fiducia in te stesso. Pensieri inutili che non ti portano nella direzione del tuo successo.

Quindi non fermarti e dopo questo procedi verso il prossimo capitolo perché ti parlerò dell'importanza di costruire abitudini e routine comportamentali e di pensiero che ti permetteranno di trasformare il rapporto con te stesso e con le altre persone.

La realtà non esiste

Come ti dicevo mi sentivo dentro un film, e infatti come in un romanzo a puntate qualcosa ancora iniziò a non andare. Nonostante il lavoro duro e i successi ottenuti, non mi sentivo ancora a mio agio e in grado di gestire i rapporti con le persone.

«Ecco, tutta colpa loro mi dicevo senza minimamente mettermi in dubbio», e appena i rapporti si fecero più rigidi o semplicemente più difficili da gestire a 26 anni, partì solo e senza alcuna esperienza come animatore nei villaggi turistici. Nel 2006 partì nuovamente da zero.

L'esperienza nei villaggi fu grandiosa anche perché io non c'ero nemmeno mai stato dentro un villaggio turistico. Scoprì la mia dimensione, sembravo nato per fare quella vita, ancora una volta capì che con determinazione, volontà e passione potevo ottenere qualsiasi cosa e difatti iniziò la mia escalation che mi avrebbe portato qualche anno dopo a viaggiare per il mondo e a diventare capo villaggio, resident manager tra Maldive, Santo Domingo, Egitto, Capo Verde, Cuba, Croazia. Facevo una gran bella vita l'estate in Italia al sole a "40gradi", l'inverno all'estero al sole a "40 gradi".

Le difficoltà non mancavano, il lavoro era impegnativo ma quel ragazzo partito da Catanzaro ora viaggiava cavalcando la vita e realizzando i suoi sogni, passando dai villaggi Italiani ai Resort all'estero, per andare a vivere nelle pause fra un villaggio e un altro a Parigi, Roma e Milano.

Se prima facevo tutti i giorni jogging nel parco sotto casa, adesso mi ritrovavo a correre sul lungo Senna, tra Notre Dame e la Tour Eiffel una settimana, a condurre un evento a Milano la settimana successiva, a passeggiare per Roma in attesa del prossimo aereo. Cambiare spesso era la cosa che più di tutte mi permetteva di tenere il mio equilibrio.

Vivevo, le situazioni, e poi senza accorgermene… o forse sì, fuggivo. Nel 2011 venni cacciato dal mio villaggio, avevo difficoltà a farmi capire, non facevo che avere discussioni con la mia equipe e pensavo di poter risolvere tutto evitando il problema. Ancora una volta cadevo in balia delle mie insicurezze.

Le mie abitudini, i miei schemi ridondanti erano la mia trappola, le persone erano ancora il mio problema più grande, o almeno così pensavo. Qualche anno dopo avrei scoperto invece che il mio problema più grande ero io, l'unica persona che continuavo a portarmi dietro.

Abitudine killer n.1 Ripensare all'insicurezza

Molto spesso non riusciamo a cambiare perché per quanto ci sforziamo di fare cose diverse, nella nostra mente i pensieri rimangono sempre gli stessi e su quei pensieri ci spendiamo un sacco di tempo.

La prima delle tre abitudini più dannose di cui ti voglio parlare, è l'abitudine di ripensare a tutti quegli eventi negativi, disfunzionali, che poi non sono altro che gli eventi in cui ci siamo sentiti insicuri, in cui le cose non sono andate come speravamo.

Quei pensieri che ci catapultano in quel limbo infinito dei "ho sbagliato", "che stupido che sono stato", dove proliferano i "se avessi fatto".

Rimuginare su pensieri negativi, o sul passato ci porta via non solo tantissimo tempo ma anche tantissime energie, perché sarai d'accordo con me che il passato non possiamo cambiarlo, possiamo solo accettarlo. L'unica soluzione è diventare consapevoli il prima possibile di questo processo mentale e smettere di nutrire questo tipo di pensieri al fine di iniziare ad alimentare pensieri positivi e più funzionali.

È necessario ripulire la nostra mente, svuotarla, placarla e gradualmente iniziare a coltivare pensieri di qualità. Una pratica che ci aiuta in questo senso è la meditazione come potrai osservare più avanti leggendo il prossimo capitolo dove troverai le 5 abitudini per avere più fiducia in se stessi.

Chiudi la porta

Intanto uno degli esercizi che ti propongo e che puoi iniziare a utilizzare sin da subito è: "Chiudi la porta". Questo esercizio richiede tanta pratica ma soprattutto tanto, tantissimo coraggio.

Perché ti assicuro che per rifiutare tutti i pensieri negativi che assalgono la tua mente nel corso della giornata serve tanta attenzione e una gran dose di coraggio. Per questo ti consiglio di chiedere aiuto al tuo miglior alleato.

Se vuoi davvero respingere tutti i pensieri negativi devi innanzi tutto riconoscerli devi porre l'attenzione su ogni singolo pensiero che attraversa la tua mente, e ti assicuro all'inizio non sarà per nulla semplice. Con il tempo invece diventerai sempre più consapevole.

Ti chiedo di immaginare nel mezzo della tua testa un ring dove al centro troverai il più grosso lottatore di sumo che tu abbia mai visto. Sarà lui il tuo miglior alleato, perché sarà lui a scagliare fuori dal ring tutti i pensieri che non ti servono, quelli che ti rendono più debole, vulnerabile e insicuro.

Abitudine killer n.2 L'abitudine del padrone

È un po' il sogno di tutti gli esseri umani poter controllare cose, persone, e qualsiasi evento esterno. In effetti tenere il controllo di quello che succede lì fuori sarebbe una gran figata, peccato che quest'abitudine indebolisce la nostra autostima e genera dentro di noi una serie di sentimenti negativi quali rabbia, frustrazione, voglia di vendetta, paura.

Anche in questo caso l'unica strada da percorrere è la strada della consapevolezza, accettare che non possiamo controllare ciò che succede lì fuori, non possiamo controllare le altre persone, non possiamo controllare il futuro.

Permetti e lascia andare

Esistono tre tipi di situazioni:

-Quelle che possiamo controllare

-Quelle che possiamo influenzare

-Quelle che possiamo solo accettare

Quando fai tuo questo concetto cambia l'intero paradigma mentale, e credimi, inizi a vivere la vita in modo totalmente differente. Il tuo futuro, gli eventi esterni non puoi controllarli e se cerchi di farlo come io stesso ho provato a fare per anni rischi di accumulare solo rabbia e frustrazione date da sconfitte continue che non c'è modo di evitare e che ti rendono solo più insicuro.

Il mantra sacro che devi adottare è: "permetti e lascia andare". Se le cose non vanno come ti aspettavi lascia andare, e adatta te stesso alla situazione, del resto se è vero che ciò che proviene dall'esterno possiamo solo accettarlo, è vero anche che ciò che si trova all'interno è sotto il nostro controllo.

Tu sei l'unica cosa che puoi controllare, tu puoi decidere come reagire agli eventi, cosa provare, quali sentimenti adottare e quali scartare. Ecco che, se cambia il paradigma tu ti trovi al centro di tutto, e allora sì che tutto cambia, e allora sì che hai davvero il controllo.

Focalizzati solo su ciò che vuoi

Anche in questo caso la meditazione ci viene in aiuto. Di fronte a quelli che possono essere eventi esterni negativi praticare tecniche di respirazione, rallentare e quindi andare verso la calma ci permette di recuperare il nostro stato d'animo.

Inoltre se sappiamo dove siamo diretti, se abbiamo ben chiari i nostri obiettivi, e se ci focalizziamo sul nostro futuro, sarà più facile permettere e lasciare andare, trovare nuove strade e nuovi percorsi. Avere ben chiari i nostri obiettivi ci restituisce quella sicurezza e quella serenità per lasciare andare e poter dire anche "chi se ne frega".

Abitudine killer n.3 L'abitudine dei falliti

Una delle abitudini che più di tutte mi ha caratterizzato in passato è stata quella di dare la colpa dei miei fallimenti, delle mie incertezze, delle mie insicurezze e dei miei dubbi alla mia famiglia e all'ambiente nel quale vivevo.

La lista era lunga e si partiva sempre da molto lontano, all'inizio l'Italia, un paese ormai in declino con una politica corrotta, poi il sud e il suo sistema a dir poco scandaloso e poi la gente del sud, le persone e la loro mentalità chiusa e bigotta, per passare alla mia famiglia, i miei amici, il lavoro che non c'è, quindi come si fa a non essere insicuri e perdenti.

Quello che mi ha fatto virare su un'altra rotta completamente diversa è stata una frase in particolare: «Non augurarti che sia più facile augurati di essere più forte». Solo da dieci anni a questa parte ho cambiato il mio modo di pensare e così è cambiata tutta la mia vita. Dopo aver sentito questa frase ho capito perché niente cambiava mai nella mia vita, o perché molte volte le cose si ripetono tali e quali al passato.

La verità è che nella mia lista di colpevoli, mancava l'unica vera persona in grado di fare realmente qualcosa e di cambiare veramente la realtà, l'unico vero colpevole… Io. Capii che le cose non cambiavano perché non potevano cambiare. La persona insicura e fragile che non faceva nulla per difendere se stesso e i suoi valori era la stessa persona che incolpava gli altri che invece facevano valere i propri valori e con essi i propri interessi.

Non ti augurare che sia più facile diventa migliore
Diventare più abili significa diventare più sicuri, significa credere nelle proprie possibilità. Coltivare le proprie passioni significa rafforzare i propri punti forti e non avere il tempo per lamentarsi dei punti deboli. Usare il proprio tempo per diventare più abili, per diventare persone migliori è il presupposto chiave per chi vuole acquisire maggiore sicurezza e fiducia in se stessi.

Penso che come avrai potuto capire la soluzione a qualsiasi

abitudine dannosa e disfunzionale è mettere al centro se stessi. Tu sei l'unico che può fare qualcosa per te, per il tuo futuro. Tu sei la chiave ma anche il tuo peggior nemico. Gli eventi esterni puoi solo accettarli, le altre persone puoi influenzarle, ma tu… Tu puoi fare miracoli.

RIEPILOGO DEL GIORNO 3:

- SEGRETO n. 1: Consapevolezza. Hai scoperto che ci sono tre abitudini "killer" che non ti permettono di uscire dalla situazione nella quale ti trovi.

- SEGRETO n. 2: Se vuoi ottenere di più dalla tua vita non puoi aspettare che le cose diventino più facili, perché niente diventa più facile, sei tu che diventi più capace.

- SEGRETO n. 3: Tieni chiusa la porta. Poni l'attenzione sui pensieri che entrano nella tua mente, e chiudi consapevolmente la porta a tutti quelli negativi inutili e disfunzionali. Il tuo migliore alleato sarà il lottatore di sumo che assumerai d'ora in poi in qualità di guardiano dei tuoi pensieri

- SEGRETO n. 4: Lascia andare ciò che non puoi controllare e focalizzati solo su te stesso e sui tuoi comportamenti.

- SEGRETO n. 5: Assumiti la responsabilità dei tuoi risultati:

a. Smetti di ripensare al passato e agli eventi negativi

b. Smetti di ricercare il controllo di ogni situazione

c. Smetti di dare la colpa agli altri

Giorno 4:

Come prendere la strada verso la fiducia in se stessi

Le domande che mi faccio più spesso nel mio lavoro di coach e di life style designer sono: È possibile elevare la qualità della nostra vita? E, se sì, come possiamo vivere meglio? È bene che tu sappia che se non stai vivendo la vita che desideri le tue abitudini non sono del tutto funzionali al tuo stile di vita.

E poiché le abitudini sono lo strumento attraverso il quale realizziamo il nostro successo, è necessario cambiare le nostre abitudini se vogliamo creare la nostra nuova identità e iniziare a vivere la vita che vogliamo vivere. Ritengo sia fondamentale avere una routine, ossia possedere dei comportamenti che ci permettano di creare e mantenere nel tempo uno stile di vita, e per l'esattezza il nostro stile di vita, quello che ci aspettiamo.

Le definisco le 5 abitudini milionarie non tanto perché ti debbano servire a fare milioni, bensì perché valgono più di tutti i soldi del mondo. Hai capito bene, sviluppare abitudini funzionali, positive ti permetterà infatti di costruire la migliore versione di te stesso. E rispondi a questa domanda: Quanto vale vivere la vita che vuoi?

Se sviluppi una routine che ti rende felice allora, e solo allora, potrai anche decidere di fare milioni. Perché i soldi come la fiducia in noi stessi, sono una diretta conseguenza dello star bene, sono conseguenza dei comportamenti ripetuti che determinano una vita di qualità.

Ricorda: I soldi sono sempre una conseguenza, arrivano dopo che sei felice, non prima. Se sei felice fai i soldi, non il contrario. Hai bisogno di avere una routine per costringere te stesso a compiere una serie di azioni che hanno il compito di farti star bene, che ti diano modo di costruire la tua felicità.

Essere felice ti permette di aumentare la tua autostima quindi di essere più sicuro. Quando sei felice hai l'impressione di fare la cosa giusta e la felicità porta sicurezza, vuoi sapere perché? Pensaci un istante… Perché fra una cosa che porta felicità nella nostra vita e una che non porta nulla sicuramente sceglieremo la prima. Sii felice prima, non dopo.

Abitudine n.1 Fai chiarezza.

Trova il tuo scopo e fissa i tuoi obiettivi

Ricorda a te stesso tutte le mattine qual è il tuo scopo nella vita (se ce l'hai), e se non ce l'hai scoprilo. Ricorda a te stesso quali sono i tuoi obiettivi perché questo ti dà la direzione. Questo è un messaggio potentissimo che arriva al tuo inconscio e che ti dice qual è la strada da percorrere.

È stata una cosa che ha fatto enormemente la differenza nella mia vita e sono sicuro che farà la differenza anche nella tua, perché, se già sai dove andare saprai già con anticipo se ciò che stai scegliendo, se ciò che stai facendo è importante o no. Inoltre succederà a un certo punto della tua vita, in modo totalmente automatico un'altra cosa: lascerai andare tutte quelle attività che non vanno nella direzione dei tuoi obiettivi, che poi non è altro che la direzione che tu hai scelto.

Questo vale già tutto il prezzo del biglietto perché ti farà risparmiare un sacco di tempo, un po' come quando entri in un negozio di scarpe e sai già quale modello vuoi. Appari più sicuro, perché lo sei. Sei veloce, smart, sei meno influenzabile, la tua voce si fa ferma, cambia il tuo atteggiamento, la tua postura e il tuo appeal, per di più esci dal negozio nella metà del tempo.

Settare i tuoi obiettivi aumenterà la sicurezza in te stesso perché saprai cosa scegliere nel caso ci sia da prendere delle decisioni, saprai per cosa lottare nel caso ci sia da lottare, e nel caso un'attività non abbia a che fare con i tuoi obiettivi o con il tuo scopo, allora saprai anche quando è il caso di lasciare andare. Passiamo all'azione, sei pronto? Iniziamo…

Trova Il tuo scopo

Non c'è scritto da nessuna parte nel cielo o fra le stelle qual è il tuo scopo nella vita, e non arriverà alcuna figura mitologica a svelartelo. Il tuo scopo lo devi scoprire, e in qualche modo te lo devi assegnare tu, in base a ciò che sei, in base al percorso che hai fatto fin qui, in base a ciò che hai imparato e alle vite che hai toccato.

Qui di seguito ti suggerisco tre esercizi, ricorda non c'è un limite di tempo, e se non trovi il tuo scopo nella vita in mezz'ora non hai nulla che non va. Siamo tutti diversi, siamo tutti esseri unici e speciali, tutti con tempi e ritmi diversi. Quindi non avere fretta, ci sono persone che hanno scoperto il proprio scopo dopo ore o giorni, altre che ci hanno messo mesi, altre anni e persino decenni, e poi ci sono quelle che non lo scopriranno mai.

Esercizio n.1

Ti chiedo in questa sessione di prenderti del tempo per te e di scrivere il tuo scopo rispondendo a queste 5 domande:

1) Chi sono?

2) Da dove vengo?

3) Perché sono qui?

4) Cosa posso fare?

5) Dove sto andando?

Esercizio n.2

Solo dopo aver terminato l'esercizio n. 1 vai oltre e rispondi al secondo gruppo di domande:

1) Cosa mi eccita adesso nella mia vita?

2) Cos'è quella cosa che facendola, mi fa dimenticare di mangiare?

3) Cosa farei anche gratis?

4) Cosa posso fare meglio di chiunque altro?

5) Per che cosa voglio essere ricordato?

Queste non sono semplici domande alle quali rispondere una sola volta per poi riporre le risposte nel cassetto, bensì sono da riguardare più volte, devi farti queste domande costantemente così da aiutare il tuo inconscio ad attirare le risposte che si trovano già dentro di te. Per tale motivo ti indico il terzo esercizio che ti permetterà di aumentare la tua concentrazione e quindi la tua consapevolezza.

Esercizio n.3

Approfondiremo più avanti il tema della meditazione, intanto però ti chiedo di trovare una stanza, o un luogo tranquillo dove poterti prendere 10 minuti tutte le mattine appena ti svegli. Ti chiedo di metterti in posizione comoda, di chiudere gli occhi e di iniziare a respirare concentrandoti sul tuo respiro. Senti l'aria che entra dal naso e poi che esce dalla bocca.

Appena ti sentirai pronto inizia a chiedere a te stesso: «Qual è il mio scopo nella vita». Tieni la posizione e continua a porti questa domanda per tutta la durata dell'esercizio. Al termine dei 10 minuti puoi rispondere alle domande dell'esercizio n.1 e dell'esercizio n.2 Ricorda di tenere traccia dei tuoi risultati, scrivi, coagula, non lasciare che nulla si perda a parole o nella tua mente.

Setta i tuoi obiettivi

Prenditi del tempo per te, fai in modo di non essere disturbato e ora scrivi cosa vuoi ottenere da qui ai prossimi 12 mesi.

Cosa vuoi nel tuo lavoro?

Cosa vuoi nella tua relazione?

Cosa vuoi per la tua salute?

Usa le tre "S"

Scrivi i tuoi obiettivi cercando di essere specifico il più possibile. Se vuoi ottenere dei soldi scrivi la cifra esatta non limitarti a scrivere che vuoi guadagnare di più. Se vuoi perdere peso scrivi quanto peserai fra 12 mesi non essere pigro, non soffermarti sulla solita, banale, scontatissima frase: "voglio dimagrire".

Scrivi i tuoi obiettivi al presente, pensa a essi come se già fossero raggiunti, reali, questo servirà per accorciare le distanze fra te, la tua mente conscia, il tuo inconscio e il tuo futuro. Scrivi i tuoi obiettivi in positivo, un po' come se fosse uno slogan pubblicitario.

Ho imparato dalla mia esperienza che le cose a perdere non piacciono mai a nessuno, senti come suona la frase "voglio perdere 10 chili", ma quale persona potrebbe essere entusiasta di perdere qualcosa nella vita? Piuttosto segna la rotta, indica la strada da percorrere, la posizione esatta da raggiungere, tendi nel tuo obiettivo alla migliore versione di te stesso, che sia una persona più ricca, più magra o più innamorata.

Che il tuo obiettivo ti dia l'immagine della persona che vuoi diventare. Perché solo un'immagine del genere in testa può portare sicurezza e fiducia nella tua vita. Emanuele e le tre "S"??? Scrivi!!! Scrivi!!! Scrivi!!! Che tutte queste risposte ti sbattano in faccia ogni mattina quando ti alzi e ogni sera prima di andare a letto.

I tuoi obiettivi sono il ticchettio del tuo orologio biologico, l'immagine del tuo futuro, tutto ciò che vuoi diventare, ricordare, che non vuoi dimenticare, un post-it attaccato sul cuore, e te ne devi convincere tu, così che se ne convinca tutto il mondo lì fuori.

Ricorda: Prima di andare avanti nella lettura assicurati di esserti preso il giusto tempo per te. Avere uno scopo nella vita e degli obiettivi chiari, ti permetterà di stabilire nella seconda abitudine cosa è importante e cosa non lo è, quali attività contribuiranno alla tua felicità, e quali no, quali attività contribuiranno al tuo successo e quali no. E ti ricordo che una persona più felice è una persona più sicura. Ora continuiamo…

Abitudine n.2 Pianifica

Scandisci i momenti della tua vita e dagli valore

Quello che Stephen Covey nel suo libro *Le 7 regole per avere successo* chiama: Inizia partendo dalla fine. Si dice che ogni cosa sia stata realizzata almeno due volte, la prima nella testa del suo creatore, la seconda fisicamente.

Il telefono che hai in tasca, la tua casa, la tua automobile, sono stati realizzati prima nella mente, messi su carta, quindi progettati e solo allora sono stati realizzati materialmente. Ecco che pianificare diviene una fase fondamentale, per realizzare la nostra sicurezza, il nostro successo, per essere più fiduciosi. Segui il ragionamento…

Se pianifico saprò cosa fare in ogni momento della mia giornata proprio come un manovale che segue il progetto dell'ingegnere saprà la giusta quantità di calcestruzzo, la posizione esatta delle colonne e dove mettere la scala per salire al piano superiore, e nessuno che venga dall'esterno potrà metterci il becco perché è tutto già lì, su carta, approvato, firmato e controfirmato.

Quella è la casa dei tuoi sogni, quella è la casa della tua felicità. Se pianifico nessuno mi coglierà impreparato perché ogni momento della giornata sarà scandito. E allora, te lo chiedo ancora, sei pronto? Iniziamo.

Crea la tua sicurezza giorno per giorno
Scegli liberamente tu qual è il miglior momento per pianificare la tua giornata. Secondo quella che è la mia esperienza non

pianificherei la mia giornata la mattina stessa, finirei per perdere troppo tempo se non tutta l'intera mattina. Ecco quello che faccio io. Ogni sera prima di andare a dormire mi prendo 20/30 minuti e li dedico alla pianificazione del giorno dopo. Decido l'orario in cui mi sveglio e poi inizio a scandire ogni ora della mia giornata.

Non devi andare per forza in ordine, anzi io ti consiglio di piazzare nel tuo piano prima di ogni cosa le attività più importanti e quelle che ti rendono felice, poi tutto il resto.

Stabilisci cosa è importante e cosa non lo è

Prima di pianificare la tua giornata potrebbe esserti utile un elenco delle cose importanti per te, delle cose che veramente hanno valore nella tua vita. Lo so cosa stai pensando, che sembra scontato, appunto…Sembra.

Molte delle nostre insicurezze nascono dal fatto che non sappiamo cosa vogliamo. Nascono dal fatto che non sappiamo a cosa dare importanza, non sappiamo cosa vale la pena fare o non fare. Tutte le cose spesso si trovano sullo stesso piano. Te lo ripeto, perché potrebbe sembrare scontato ma credimi, molti non sanno cos'è più importante fra i propri figli e pagare le bollette, fra la casa quella di mattoni, dei quadri, dei mobili e quella delle persone che ci vivono dentro.

Per questo motivo ti chiedo di prendere un foglio e una penna e di palesare al tuo cervello, coagulando su carta, quali sono le cose davvero importanti nella tua vita. Il resto mettilo fra le cose urgenti, le bollette, le rate della macchina, i programmi tv, il frigo più grande.

…E non dimenticare ciò che ti rende felice

E poi fai un altro elenco, quello delle cose che ti rendono felice. E già so a cosa stai pensando: "Ma, Emanuele, secondo te mi dimentico le cose che mi rendono felice?". Molte persone non solo le dimenticano ma non le conoscono proprio prese come sono dal lavoro, gli impegni, la routine priva di felicità che ormai è diventata così naturale. Solo che c'è una gran bella differenza tra naturale e normale.

Vivere senza felicità è diventato normale che è un altro modo per dire consueto, di uso comune. La verità è che noi siamo nati per essere felici, per ottenere, per gioire questo è naturale, poi però riempiamo la nostra normalità di impegni, di attività prive di gioia ed entusiasmo e diciamo che è naturale.

Ora ti chiedo di riscoprire ciò che ti rende felice, ossia tutte quelle attività che ti procurano gioia ed entusiasmo che poi sono anche quelle che ti procurano più sicurezza, che ti danno la sensazione di forza e di potenza, un po' come quando Ronaldo segna un gol in partita.

Perché se non sai cosa ti rende felice, probabilmente quella felicità non la raggiungerai mai. Pensa al sesso, lo sai quanti si dimenticano del sesso durante la giornata perché presi dagli impegni lavorativi sicuramente più noiosi o perché presi dalla stanchezza.

O quante persone non fanno un viaggio da anni perché devono lavorare. Ora non dico che uno deve escludere l'altro, dico solo che la fiducia in noi stessi passa da un equilibrio che troppo spesso perdiamo.

Pianificare la giornata cercando questo equilibrio ci renderà più soddisfatti, più felici, più entusiasti e quindi anche più sicuri. Inizieremo a vivere non solo con la testa alla meta, ma realizzeremo qualcosa di più grande, inizieremo a goderci il viaggio.

Ora tocca a te... Crea il tuo futuro. Decidi quale sarà il tuo start, segna l'ora della tua sveglia e poi inizia a scandire ogni ora della tua giornata, inserendo le cose importanti, le cose che ti rendono felice e poi tutto il resto... Buona creazione.

Abitudine n.3 Fai attività fisica
Riscopri il tuo entusiasmo

Corpo e mente sono una cosa sola. Non puoi essere mentalmente forte se il tuo corpo non è forte. Non puoi essere mentalmente sicuro se il tuo corpo vacilla. C'è un detto dalle mie parti che dice: «Puoi avere un cervello finissimo ma se lo metti su un corpo di merda quanta strada farà?».

Ritagliarsi del tempo per andare a correre, fare una passeggiata, andare in bicicletta tutti i giorni non ci tiene solo in forma bensì permette al corpo di abituarsi allo stress e alla fatica, permette al corpo di reagire meglio agli scossoni della vita. Per non parlare che un corpo tonico e in forma ci rende più fiduciosi perché saremo più consapevoli che possiamo contare su di lui.

Un corpo più bello e più piacevole ci rende più sicuri perché noi tutti siamo attratti dal bello, siamo nati per amare e andare alla ricerca della bellezza, dell'estetica. Nel mio corso dal vivo di comunicazione efficace e di public speaking: "Puoi essere migliore di così", dimostro alle persone in aula durante le prove pratiche come sia vero che il corpo segue la mente, ma come è altrettanto vero che la mente segue il corpo.

Da questo si può dedurre che se il corpo sta bene è forte è sicuro, la mente potrà fare altrettanto. Io personalmente, tutte le mattine, dedico 1 ora all'attività fisica, spacco i miei muscoli per ricordare alla mia mente che dietro ogni risultato è celato uno sforzo. Che il successo richiede impegno, energia, disciplina. Del resto sai come si dice: «Se non fai niente non ottieni niente». Ma si dice anche che: «I sacrifici saranno la causa dei tuoi più bei sorrisi».

Dedica tempo all'attività fisica

Non sono qui a dirti quale disciplina devi praticare o quali esercizi sono più indicati per te, questo non è un libro di educazione fisica, è un libro per migliorare e aumentare le tue performance mentali. Ma mettitelo bene in testa la mente è collegata a doppia mandata con il corpo quindi se vuoi modificare i tuoi paradigmi mentali devi sostenere il corpo in questo cambiamento e migliorare anche le performance fisiche.

Vai a correre, prendi la bicicletta, fai yoga, fai spinning, Pilates, massa, Tabata, attività aerobica o anaerobica, fai esercizio a corpo libero non ha importanza, quello che è importante invece è la tua intensità, la tua costanza, la tua perseveranza.

Una cosa che con me ha funzionato è stato il jogging, io vado a correre tutti i giorni, e attraverso questa pratica metto alla prova ogni singolo giorno la mia disciplina, la mia perseveranza, la mia voglia di cambiare, crescere, migliorare.

Non dico che domani mattina devi scendere in strada e correre 20 chilometri, dico che stasera puoi mettere le scarpette e fare il giro del palazzo, domani puoi fare un giro del tuo quartiere e senza nemmeno accorgertene nell'arco di qualche settimana puoi correre per cinque chilometri senza fermarti, poi dieci, fino a correre anche una maratona. Il messaggio se ancora tu non l'abbia capito non è solo fisico.

Quello che puoi fare è inimmaginabile, leggi fra le righe, la tua mente non lo può neanche immaginare, ecco perché è necessario che g024510 mostri, è necessario che il tuo corpo faccia vedere alla tua mente cosa è davvero possibile.

Abitudine n.4 Medita

Ritrova te stesso

Meditare ti dà la possibilità di focalizzare la tua mente. Ti dà la possibilità di visualizzare il tuo futuro in anticipo, di vedere il tuo miglior film, e addirittura di crearlo. Meditare significa focalizzarsi sulle sensazioni che il corpo produce in modo tale da provarle in anticipo.

Un po' quello che fanno gli sportivi in allenamento preparandosi ad affrontare la competizione. Se una cosa l'hai già vissuta nella tua mente, se hai già provato quelle sensazioni allora sarai in grado di affrontare tutte le situazioni simili con più facilità nella realtà. Questa pratica ti permetterà di affrontare la realtà in modo più sicuro e fiducioso. L'arte della visualizzazione ti dà la capacità di essere prima di diventare, di sentirlo prima di viverlo.

Devi sapere che la mente non distingue fra la realtà e un'immagine vividamente vissuta. Nel prossimo paragrafo ti inviterò a mantenere alcune posizioni e a intraprendere alcuni comportamenti al fine di meditare praticando l'arte della visualizzazione.

Ti darò una serie di indicazioni sulle frasi che dovrai ripetere a te stesso durante la respirazione e delle immagini che dovrai proiettare nella tua mente. Immagini entusiasmanti, immagini differenti, immagini di sicurezza e fiducia. Questa pratica avrà il compito di aumentare la consapevolezza di quello che sarà il risultato. Devi sapere cosa vuoi tu e devi averlo chiaro in mente, cosa vedrai, cosa udrai, cosa percepirai a livello di sensazioni, cosa sentirai.

Creare la tua realtà

Gli obiettivi si formano sempre nella mente prima di realizzarsi nella realtà. Il potere dell'immaginazione in una visualizzazione ci permette di gestire gli sforzi lunghi e difficili e di non perdere la motivazione.

La formula che ci permette di ottenere i nostri risultati è così composta: pregare o chiedere, visualizzare, credere, realizzare. Dove, la preghiera è la richiesta ferma, ossia chiedere con intensità e carica emotiva. Visualizzare è vedersi già mentalmente come se avessimo ottenuto ciò che abbiamo chiesto.

Credere consiste nel sostenere con un carico di energia, con una fede indomabile quello che sarà il nostro successo. Realizzare è la parte delle azioni, il persistere fin quando non si ottiene ciò che si vuole, il principio di provarci applicato con costanza. La tecnica della visualizzazione è valida se si accompagna a uno studio attento e completo e all'applicazione dei nostri sforzi.

Inoltre se vogliamo attivare le forze del successo dobbiamo tenere un atteggiamento mentale di fede, intelligente e positivo. Tutto quello che devi fare è convincere te stesso della verità che desideri veder realizzata. Impara a stare nel silenzio e a distogliere l'attenzione dalle cose che non vuoi. Leva tutta la carica emotiva da ciò che non vuoi e mettila su ciò che desideri, l'energia fluisce laddove si concentra l'attenzione.

Ricorda che siamo alla ricerca della nostra metà ma non la troveremo in discoteca, la troveremo dentro di noi. Abbiamo infinite strade per riuscire, e infinite strade per diventare ciò che siamo destinati a essere, ma c'è una sola strada per fallire ed è quella che di solito imbocchiamo per paura.

Usa l'immaginazione

Usa l'immaginazione per ottenere ciò che vuoi e sii ottimista il più possibile verso il tuo futuro. Il problema è che non ci hanno abituati a sognare, a credere a lungo, mentre la qualità che garantisce il successo è proprio la persistenza. Gli ottimisti si aspettano il successo.

L'unico ostacolo fra loro e i risultati che vogliono raggiungere è l'abbandono e a volte si è a un passo dal grande successo, ma non ci è dato saperlo. Un vecchio adagio recita: «Non mollare, potresti essere a un metro dal traguardo».

Vai in profondità

Ora voglio fare con te un esercizio di meditazione. Qui ti propongo una sessione di 10 minuti che potrai fare ogni giorno, per andare in profondità e prendere il controllo dei tuoi pensieri. Voglio che trovi un posto dove niente e nessuno ti possa disturbare per i prossimi minuti.

Ti chiedo di metterti in posizione comoda, seduto su una sedia, di eliminare qualsiasi tipo di incrocio, mani, piedi, gambe, braccia con la schiena dritta e la testa morbida. Chiudi gli occhi e inizia a respirare. Due minuti di respirazione profonda dove impegnerai diaframma e polmoni. Concentra i tuoi pensieri sul respiro e lasciali vagare, questi due minuti ti serviranno per rilassarti, per sciogliere i muscoli, annullare le tensioni del corpo e iniziare ad ascoltare il tuo respiro e il tuo corpo.

Dopo due minuti circa, ti chiedo sempre nella stessa posizione di iniziare a sviluppare pensieri di gratitudine. Per tre minuti pensa a tutto ciò per cui sei grato, continua a respirare e ripeti nella tua mente la parola "grazie". Sei arrivato a metà della tua sessione e per due minuti voglio che concentri la tua mente sul tuo corpo. Prenditi questi due minuti per sentire il tuo livello energetico. Sentiti connesso con il mondo.

Lascia che l'energia di ogni cosa ti guarisca e ti sostenga connettendoti con qualcosa di più grande. Ora dedica gli ultimi tre minuti alla creazione. Visualizza il tuo successo, visualizza davanti ai tuoi occhi la persona che vuoi diventare, il tuo obiettivo realizzato. Cosa accadrà quando lo avrai raggiunto, come ti sentirai, visualizza ogni dettaglio, entra dentro e vivi il tuo sogno. Usa tutta la tua immaginazione per vivere con anticipo il tuo miglior futuro.

Questa è solo una piccola parte di ciò che faccio fare in aula durante i miei corsi. La cosa fantastica è l'energia che si respira quando si medita tutti insieme con la stessa intensità e con lo stesso livello di energia. Intanto ti consiglio di iniziare da questi dieci minuti e poi di andare ad aumentare il tempo della tua pratica.

All'inizio sarà difficile governare la mente, perché i pensieri inizieranno a vagare all'impazzata prendendo il sopravvento, tu non scoraggiarti, non perderti d'animo, ricorda quello che è successo le prime volte che sei andato in bicicletta, proprio così, sei caduto, e tu cosa hai fatto? Ti sei rialzato, ti sei rimesso su e sei ripartito. Lascia che la pratica ti guidi verso la consapevolezza dei tuoi pensieri.

Abitudine n.5 Controlla i tuoi pensieri
Cambia le immagini interne

A mio parere è l'abitudine più difficile da sviluppare, ma come ben sai facile e difficile sono due concetti molto soggettivi. Controllare il flusso dei nostri pensieri non è affatto semplice, considerando lo stile di vita frenetico che la maggior parte degli occidentali sostiene.

I pensieri sono veloci, ci sfuggono, si accalcano nella nostra mente e spesso finiscono per impadronirsi della nostra lucidità, facendoci completamente perdere il qui e ora. Perdiamo troppo spesso di vista il presente per un passato che ormai è passato e per un futuro che è ancora lontano.

Lavorare sull'abitudine numero quattro, quindi praticare la meditazione, sarà utile non solo per visualizzare il nostro futuro o per creare immagini positive e stimolanti che poi guideranno la nostra mente, ma anche per prendere il controllo dei nostri pensieri.

Inizialmente avremo bisogno di mettere alla prova tutta la nostra attenzione per acquisire maggiore consapevolezza. Nel momento in cui inizierai a controllare la tua mente, inizierai a controllare te stesso e il tuo presente, solo allora sentirai di controllare anche il tuo futuro, lo avvicinerai a te, perché sarai tu che lo starai già costruendo. Prima però hai bisogno di cambiare il tuo paradigma mentale.

Sposta la tua attenzione al positivo abbandona il tuo passato
Immagina di essere nel bosco e sei lì per raccogliere della legna da ardere. Di fianco a te immagina di avere due fuochi. Uno è il fuoco dei desideri, delle speranze, degli obiettivi, mentre l'altro è il fuoco dei ricordi infelici, di tutte le cose tristi e negative che ti sono successe in passato, cose che ti fanno arrabbiare e che producono in te uno stato d'animo disfunzionale.

Pensa di arrivare ogni giorno davanti a questi due fuochi con la tua legna da ardere, la legna rappresenta la tua energia emotiva, e solo tu puoi decidere dove mettere questa legna. Immagina di porre tutta la tua legna, quindi tutto il tuo combustibile, ossia tutte le tue energie emotive sulle tue speranze, sui tuoi obiettivi, sui tuoi desideri, e non mettere più alcuna emozione sulle cose negative e sui ricordi tristi del passato.

Cosa succede a quest'ultimo fuoco? Esatto, si spegne. Decidi consapevolmente di rifiutarti di parlare delle tue esperienze passate negative e di parlare solo di quelle che ti portano felicità. Decidi di essere talmente impegnato e concentrato sul tuo futuro da non avere più tempo da dedicare al tuo passato.

Ricorda: «Non puoi avere un passato migliore, quindi abbandona subito questa idea, convinciti che hai fatto quello che sapevi fare viste le circostanze della tua vita».

Più energia dedichiamo agli eventi del passato meno energia avremo da dedicare al futuro

Ecco una delle frasi che mi sono ripetuto più spesso: «Dimentico del passato e proteso verso il futuro». Se vuoi alzare i tuoi standard e guadagnare più fiducia in te stesso devi guardarti con introspezione e cercare di capire chi sei e cosa puoi fare per il mondo.

Porti obiettivi sfidanti che ti permettano di infrangere i tuoi attuali standard e che ti possano far crescere come persona. Solo così potrai riuscire a diventare la persona di successo che meriti di essere. Una delle fasi più difficili della mia crescita personale si è rivelata quella di abbandonare il mio passato.

Ricordo che in quella fase ho dovuto ristrutturare i miei pensieri così da lasciare andare quei sentimenti di ira, di rabbia, di paura e di frustrazione che provenivano dai comportamenti del passato e dal rapporto che avevo con esso.

Sii un po' più di quello che sei oggi

Il principio che devi sviluppare in questa fase è quello di "dominare". Dominare te stesso, dominare la rabbia, le tue paure, le tue incertezze, per diventare più di quello che sei ora. L'atteggiamento positivo che devi scatenare per non lasciarti abbattere consiste in una forza dentro che si oppone alla sconfitta. È una forza esaltante che ti aiuta ad affrontare e superare ogni elemento demoralizzante della tua vita. La vittoria che sconfigge il mondo è la nostra fede, quella stessa fede che nutriamo nei nostri confronti.

La fede, Il gigante in ognuno di noi

Sviluppa ora la convinzione che c'è un gigante in ognuno di noi e che quando quel gigante assume il controllo della nostra vita, nulla può buttarci giù. Quando quel gigante è vivo dentro di te nessun pensiero negativo può ostacolarti, nessun pensiero di inferiorità o di impossibilità può impossessarsi di te e farti desistere.

Quando abbiamo fiducia in noi stessi e nel mondo possiamo realizzare qualsiasi cosa decidiamo di ottenere. Tutti i nostri sogni sono alla nostra portata, tutti i nostri sogni possono divenire realtà. Ricorda: «Non sono le condizioni a creare le convinzioni, sono le convinzioni che creano le condizioni».

Metti in dubbio i tuoi pensieri

Forse la prima regola che ho appreso per fare in modo che il mio pensiero cambiasse fu quello di mettere in dubbio ogni cosa. Del resto tutti i nostri pensieri, le nostre convinzioni, le nostre credenze sono per il 95% istallate dall'esterno, dalla società e dalla nostra cultura. Molte di esse se ci pensi bene non sono per nulla le nostre, le abbiamo solo ereditate dai nostri genitori.

Lascia che ti racconti una storia: «Una donna stava cucinando per il marito una fetta di carne. Tolse allora la fettina dal frigo e prima di riporla in padella ne tagliò le due estremità. Il marito incuriosito chiese alla moglie perché ogni volta che cucinava una fetta di carne prima di metterla in padella tagliava le due estremità, la moglie disse di non sapere la risposta, lo aveva sempre visto fare alla madre quindi aveva adottato anche lei la stessa abitudine.

Così i due decisero di chiamare la madre per avere una risposta, ma neanche la madre in realtà sapeva il motivo di quel gesto, anche lei a sua volta lo aveva visto fare per anni alla madre. Così decisero di chiamare la nonna, che con fare naturale rispose che a suo tempo aveva una padella piuttosto piccola e che semplicemente la fetta di carne non entrava nella padella, per questo motivo ne tagliava le due estremità».

Il primo step è quello di comprendere che la maggior parte dei nostri modelli di pensiero vengono dalla realtà che abbiamo vissuto finora, quindi non sono più o meno giusti di quelli di altre persone, ma possono essere più o meno funzionali per la nostra vita.

A tal proposito la seconda regola che ho appreso di fondamentale importanza per cambiare il mio modo di pensare fu proprio quella di non prendermi troppo sul serio e di non prendere nulla troppo sul serio, perché succede che quando prendi troppo seriamente qualcosa finisci col diventarne schiavo.

Ristruttura il tuo pensiero

Ti propongo ora una tecnica che mi ha permesso di rialzarmi sempre, e di rispondere colpo su colpo alle difficoltà, si tratta della ristrutturazione del pensiero. Anche quando senti di aver toccato il fondo, scrollati tutto di dosso e pensa a quanto è vantaggiosa questa posizione. Pensaci bene, non c'è una posizione peggiore. Più giù non puoi andare. Da lì puoi solo guardare in alto, puoi solo risalire.

Abbi la certezza di avere quel gigante dentro di te e libera quel gigante così che possa prendersi cura lui di te. Non farti abbattere da niente e da nessuno, e quando ti senti già giù, non permettere a niente e a nessuno di tenerti giù. Sviluppa la convinzione che quando le cose vanno male la vita ti sta preparando, ti sta rendendo più forte. Per fare il grande salto dice il saggio: «È necessario fare qualche passo indietro per prendere la rincorsa».

Niente ti può impedire di avere successo se non te stesso
Se ancora non l'avessi capito, tu sei la chiave del tuo successo e anche l'unico limite di te stesso. Le persone non raggiungono i propri obiettivi perché non si danno abbastanza da fare, smettono di provare quando la strada inizia a salire e il cammino diviene faticoso.

Chiunque può raggiungere il successo se solo è pronto a pagarne il prezzo. Diceva Norman Vincent Peale: «Se avrete fede pari a un granellino di senape, niente vi sarà impossibile».

Decidi di allontanare il negativo

Credimi, è solo una decisione, una decisione che spetta a te. Se decidi di allontanare il negativo e di cercare sempre qualcosa di buono sta pur certo che lo troverai. Troverai sempre un'idea una intuizione. Per esempio, se vorrai spingere la tua famiglia, il tuo partner a trovare qualcosa di buono e a essere più ottimisti, impatterai su di loro come un leader.

Molto spesso ciò che sembra un grosso problema si rivela essere una grossa opportunità. L'assunto di base è: ogni problema è una lezione. Per tale motivo gli ottimisti vanno sempre alla ricerca di qualcosa di buono o della lezione nascosta.

Fai finta che...

Fai finta che il problema sia un dono, che Dio, o la mente universale, o qualsiasi altra divinità in cui credi, voglia per te il successo in futuro, e ti stia inviando questo dono, ossia il problema, per prepararti a essere la persona che sei destinata a diventare.

Immagina che questa grande forza sappia che tu hai bisogno di questa lezione prima che tu possa raggiungere il tuo successo. Questa grande forza sa che tu non imparerai a gestire la tua condizione se prima non avrai sofferto questo o quel dolore finanziario, questo o quel dolore emotivo, questo o quel dolore fisico. Dobbiamo convincerci che questa grande forza ci vuole bene, più grande è il dono quindi il problema, più grande è la lezione.

La grande domanda delle persone ottimiste
Avrai capito di essere diventato un ottimista, o per lo meno di essere sulla buona strada quando di fronte a un problema o a una negatività, invece di chiederti: «Perché proprio a me?». Ti porrai la domanda: «Qual è la lezione che posso imparare?». E una volta individuata la lezione ti sarà chiaro cosa devi fare di più e cosa devi fare di meno, cosa devi cambiare o evitare di migliorare.

Devi scoprire la vera lezione che ti porta al cambiamento, ciò che ti tiene bloccato nella tua "comfort zone". Ciò che ti provoca disagio è la naturale resistenza al cambiamento, ma se tu avrai fiducia nella tua intuizione non farai più quell'errore e allora scoprirai che quel problema conteneva la lezione per raggiungere il successo. La domanda chiave alla quale devi rispondere è: «Vuoi imparare ora e passare al livello successivo o vuoi continuare a soffrire per imparare domani?».

Dai più valore all'oggi

Dai valore al tempo presente è l'unico tempo nel quale puoi agire. Rifiutati di parlare di accadimenti del passato, a meno che non siano esperienze felici o di successo. Decidi di spegnere il fuoco delle negatività e di alimentare costantemente, giorno dopo giorno, il fuoco delle speranze e dei desideri. Impegnati con te stesso a essere più impegnato, così da non poterti più occupare del passato.

E impara dal passato, lascia andare, la felicità è l'elemento più importante per raggiungere il successo. E al contrario di ciò che crediamo, è la felicità a fare i soldi. L'ottimismo è il risultato dell'essere in forma dal punto di vista mentale ecco perché è il risultato più alto da raggiungere per gli individui.

Controlla solo il tuo pensiero

Come avrai capito l'unico controllo che ti serve nella vita e il controllo dei tuoi pensieri, anche perché è la sola cosa che possiamo davvero controllare. Puoi cambiare la tua vita cambiando i tuoi pensieri. Convinciti che sei dove sei, e sei quello che sei come risultato dei tuoi pensieri. L'abilità più importante che puoi sviluppare è l'abilità di pensare, ossia di dirigere la tua mente, le tue energie, di concentrare la tua intelligenza su una sola cosa per volta.

Il successo nella nostra vita è determinato da dove decidiamo di porre l'attenzione costantemente, di concentrarci sulla cosa più importante. Quando impareremo a parlare e a pensare come le persone di successo, inizieremo a ottenere i loro stessi risultati.

Credi in te stesso

Il pensiero che devi sviluppare ora, mentre leggi questo libro è quello che la strada del successo non passa mai attraverso una passiva insicurezza o un ambiguo complesso di inferiorità. Il successo, qualsiasi cosa tu intenda per successo, richiede un senso di adeguatezza umile e al tempo stesso reale, un'immancabile rispetto per se stessi unito alla convinzione di poter realizzare ciò che si vuole.

Pensare positivamente o pensare di farcela non sono solo fantasie per motivatori o capricci per inguaribili ottimisti, ricorda cosa diceva Virgilio: «Possono perché credono di potere», e ricorda ancora cosa sosteneva Ghoete: «Se avrete fiducia in voi stessi anche gli altri avranno fiducia in voi».

Trova qualcosa in cui credere, credi fortemente e crederai anche in te stesso, lascia che la fiducia in te abbatta il tuo complesso di inferiorità. Se confidi in te stesso e sviluppi quel sano ottimismo, se coltivi pensieri positivi e fai esplodere l'ossessione dentro di te per i tuoi obiettivi con la sicurezza del successo, magnetizzerai la tua condizione a tal punto da attirare a te tutte le forze creative dell'universo.

Prendi la decisione

Ora che abbiamo fatto chiarezza su alcuni punti fondamentali capisci bene che devi liberarti di alcuni modi di pensare disfunzionali. Troppe persone dedicano tempo ed energie a eventi passati che non possono cambiare. Lascia andare. Decidi ora di lasciare andare gli accadimenti negativi del passato. Di non preoccupartene.

Limitati a imparare la lezione, usali per diventare più intelligente, e poi lascia andare, liberati da queste zavorre. Le persone si innamorano delle loro sofferenze. Ricorda: «Il dolore è inevitabile ma la sofferenza è un opzione». E noi troppo spesso facciamo proprio questo, ci innamoriamo delle nostre sofferenze a tal punto che le portiamo sempre con noi, le raccontiamo in giro decidendo così di soffrire oltremodo.

Esci da questo loop disfunzionale, lascia andare, impegnati a non tirare fuori gli accadimenti negativi del passato. Ricorda le parole del vecchio saggio: «Quando guardi verso il sole l'ombra cade dietro di te».

Aumenta la consapevolezza, fai caso alle sensazioni
Tanti, troppi pensieri si accavallano nella mente durante un singolo giorno, stimano gli scienziati che siano 60.000. Fare caso a ogni pensiero diventa complicato ma fortunatamente ci vengono

in soccorso le sensazioni che sono un vero e proprio indicatore. Ascolta te stesso, ascolta il tuo corpo, la tua mente, ascolta quella vocina interna, fai caso a come ti parla e a cosa ti dice e ancora interrogati sulle sensazioni che provi.

Ricorda: lo scopo del gioco e stare ben, lo scopo del gioco è essere felici, perché la felicità attrae altra felicità, star bene ti porta a stare ancora meglio. Prendere il controllo dei tuoi pensieri è una pratica che devi a te stesso perché significa avere la possibilità di controllare la tua vita. Non dimenticare cosa diceva Earl Nighteal: «Diventi ciò che pensi».

Impara la pazienza

Bene siamo arrivati alla fine di questo capitolo dove hai appreso un mucchio di strategie concrete e di esercizi pratici per gestire la tua insicurezza e per iniziare a costruire il tuo nuovo sé. Come diceva Albert Einstein: «La conoscenza è esperienza il resto è solo informazione».

E in effetti la matrice latina della parola esperienza è "esperire" ossia passare attraverso. E io te lo posso assicurare perché ci sono passato adottando queste strategie e facendo gli esercizi che mi hanno aiutato a trasformare la mia vita. Mi hanno aiutato a relazionarmi con me stesso prima, e con le altre persone poi.

Ti lascio anche un ultimo strumento che devi acquisire se vuoi arrivare al traguardo, se vuoi uscire dal tunnel senza rischiare di fermarti prima, questo strumento è la pazienza. La pazienza è necessaria, perché un percorso di crescita personale non ha mai fine, perché più vai avanti e più ti accorgerai che c'è da fare, che puoi migliorare, che puoi fare e dare di più a te stesso e agli altri.

La pazienza è un elemento essenziale in quest'era del tutto e subito, della "instant gratification", come la chiamano gli psicologi americani, ossia l'era di Amazon, della doppia spunta blu di WhatsApp, di Just eat, del successo a tutti i costi e dei "non posso aspettare un secondo di più se no impazzisco". Bene in questo mondo che va sempre più veloce la pazienza è essenziale… Perché in una gara come la vita, dove chi non ottiene risultati immediati abbandona la competizione… Vince chi ha pazienza.

Due aspetti importanti della tua crescita

Due aspetti fondamentali della crescita personale e del percorso verso la sicurezza in se stessi sono: Avere la pazienza di imparare e apprendere, così da avere modo di cadere e di rialzarsi. Avere la pazienza di imparare a essere pazienti per sviluppare con noi stessi la tolleranza che ci permette di accettare i nostri comportamenti e i nostri errori.

Molte volte non accettiamo i nostri comportamenti e non accettiamo nemmeno noi stessi, perché non abbiamo pazienza di aspettare di intraprendere tutto il percorso, non ci diamo tempo di fare tutta la strada, di imparare la lezione, non ci permettiamo di provare a cadere, perché noi vogliamo essere solo quelli che si rialzano.

Come avrai già potuto leggere e come avrai modo di apprendere nelle pagine che seguono, il fallimento è parte del successo come l'errore è parte dell'apprendimento. E allora diamoci la possibilità di sbagliare, di cadere e di rialzarci. Sii paziente, mettiti alla prova servendoti delle strategie e degli esercizi contenuti in questo capitolo, fai esperienza e passa attraverso.

Al contrario di quello che ti hanno detto o che ti hanno fatto credere a scuola, in famiglia, nei differenti ambienti di lavoro, la vita non è un lancio con il paracadute, non stai correndo i cento metri, stai correndo una maratona. E al traguardo arrivi solo se hai pazienza.

RIEPILOGO DEL GIORNO 4:

- SEGRETO n. 1: Avere una routine è fondamentale per sviluppare la fiducia in te stesso. Le abitudini ti rendono più forte più sicuro.

- SEGRETO n. 2: Esistono 5 abitudini che ti permettono di sviluppare il tuo "sé" superiore che ti permettono di connetterti con la versione migliore di te stesso: Fai chiarezza, pianifica, fai esercizio fisico, medita, controlla i tuoi pensieri.

- SEGRETO n. 3: Lascia andare il tuo passato. Ovunque ti trovi in questo momento puoi decidere di cambiare, di invertire la rotta e ricominciare a vivere la vita che vuoi vivere.

- SEGRETO n. 4: Come diceva Einstein: «La conoscenza è esperienza il resto è solo informazione». Il successo passa attraverso l'azione. Devi mettere in pratica le tue abitudini, passare attraverso di esse, solo in questo modo diventerai la persona che vuoi diventare.

- SEGRETO n. 5: Sii paziente. Niente può avvenire se non ti dai il giusto tempo. Dai il tempo a te stesso di apprendere, dai il tempo a te stesso di conoscere e accettare la nuova versione di te.

Giorno 5:
I miei 10 errori da timido

Se c'è qualcosa che devi assolutamente conoscere per uscire dalla timidezza è come diventare la migliore versione di te stesso. Hai bisogno di conoscere le strategie per uscire dalla tua zona di comfort, quella che ti fa apparire impacciato, indifeso, vulnerabile, quella zona dentro di te dove gli altri valgono di più e tu non sei abbastanza.

In questo capitolo ti voglio parlare di consapevolezza, e più precisamente della consapevolezza di te e di quanto sia importante acquisirla e accrescerla. Hai mai pensato alla quantità di tempo che spendiamo per conoscere quello che c'è lì fuori, il mondo, le altre persone, la storia, e quanto poco tempo invece investiamo nella conoscenza di noi stessi, dei nostri gusti, dei nostri ideali, delle nostre preferenze, di ciò che ci rende persone migliori e felici.

Nessuno ci ha mai insegnato a fermarci, a guardarci dentro, al contrario ci hanno sempre detto che c'è un mondo lì fuori da scoprire, ma nessuno ci ha mai detto che esiste un mondo da scoprire anche dentro di noi... ed è un mondo bellissimo. Dice l'Oracolo di Delfi: «Conoscere se stessi è la chiave». È se è vero che le tecniche e le strategie sono necessarie, è anche vero che saper riconoscere i nostri comportamenti è altrettanto importante.

Saper scovare e individuare quelli che sono i comportamenti funzionali e utili per noi e per le persone che ci sono vicine, ma anche saper ammettere tutti quei comportamenti distruttivi che facciamo molto spesso anche inconsapevolmente. In queste pagine ti racconto i dieci errori che io stesso più di frequente ho commesso.

I dieci errore dell'Emanuele timido, quello che si è perso un sacco di occasioni e il più delle volte in passato non è riuscito a difendere i propri interessi per paura di far male agli altri.

Il primo errore è: **essere al servizio degli altri.** C'è una bella differenza fra essere disponibili ed essere servizievoli e di questo ti posso parlare per esperienza. Devi sapere che per 13 anni ho fatto l'animatore nei villaggi turistici, e sia nei primi anni quando facevo l'animatore, il ballerino, insegnavo fitness, sia negli ultimi quando ho fatto il capo animatore, il capo villaggio, il resident manager e mi occupavo di organizzazione, il mio obiettivo era sempre quello di far star bene le persone a tutti i costi e quello di soddisfare qualsiasi richiesta in nome del benessere.

È stato durante questi anni che ho capito quanto sia bello essere disponibili e quanto sia appagante sacrificarsi per gli altri. Ma non sacrificarsi nell'accezione che conosciamo noi, nel senso di faticare, sbattersi, soffrire, bensì sacrificarsi nel vero senso della parola, quello di "rendere sacro".

Rendere il miglior servizio al fine di dare più valore agli altri, e restituire contemporaneamente valore a noi stessi, perché alla fin dei conti è un "do ut des" e ti rendi conto che rendere sacro ogni momento, che sia lavorativo oppure no, significa diventare la migliore versione di se stessi, significa diventare un'altra persona.

Sono cambiato quando ho scoperto questa grande differenza,

quella che passa tra immolarsi, ossia soffrire e stare al servizio di qualcuno, ed essere disponibili, ossia rendere sacro ogni momento senza sofferenza e senza annullarsi completamente. In questi casi è necessario ricordare che noi siamo la persona più importante della stanza, gli altri valgono tanto quanto noi. Annullarsi, essere per così dire servizievoli porta al secondo errore, che non ti nascondo per anni ho commesso.

Il secondo errore è: **avere paura di divertirsi.** Quando mi divertivo non me la riuscivo a godere perché ero convinto che agli altri avrebbe dato fastidio, ero convinto che mi avrebbero preso per un "cazzeggiatore" cronico. Così ho passato un sacco di anni a nascondere una parte di me e a tenerla a freno, per non far vedere agli altri che mi stavo divertendo, quella parte che in futuro ho scoperto essere la migliore versione di me.

Preferivo rimanere serio, in disparte e isolato per distinguermi e non rischiare sbavature, per non far vedere agli altri quello che stavo provando. Solo qualche anno fa ho scoperto il vero significato di quella frase che dice: «Tieni per te le tue paure ma condividi con gli altri il tuo coraggio».

E in effetti anche divertirsi e condividere momenti allegri, fare entrare gli altri all'interno di questa dimensione richiede coraggio, per non parlare del fatto che se tu sei felice si divertiranno anche gli altri che saranno attratti da te, perché le persone sono sempre attratte da chi si diverte.

Ed ecco allora svelato il terzo errore, a mio avviso il più grave: **aver paura di far vedere agli altri ciò che si prova.** È l'errore più diffuso, è ciò che non ci fa mettere in gioco, è ciò che ci blocca, è ciò che ci infligge quel senso di disagio e frustrazione. Pur di nascondere i nostri veri stati d'animo finiamo per essere troppo spesso la persona che non siamo.

Ecco che fingiamo continuamente, ci sforziamo di far vedere agli altri un lato perfetto di noi che realmente non esiste. Siamo mansueti, calmi, gentili, non diciamo mai di "no", l'importante è che gli altri non scoprano ciò che stiamo realmente provando, ma che vedano ciò che loro vogliono vedere. Peccato però che è solo una costruzione di qualcosa che non esiste, è una finzione, e come avrai capito non può durare a lungo.

E pensa quante persone potresti aiutare con la tua storia, quante persone potrebbero trarre benefici da chi sei, da ciò che provi, pensa a quante persone potresti migliorare la vita condividendo te stesso, libero di esprimere chi sei veramente.

L'errore numero quattro è ciò che di sicuro ti porta a fallire in ciò che stai facendo: **voler piacere a tutti.** Non ci spendo neanche troppe parole perché è collegato a doppia mandata all'errore numero tre, ma sappi che non si può piacere a tutti, ecco perché se ti sforzi di piacere a tutti finirai per soffrire e per affossare la parte più vera di te.

Ti stai condannando all'insuccesso perché ti stai condannando all'infelicità. È impensabile l'idea di piacere a tutti. Nel mondo siamo troppi e troppo diversi, ciò che però puoi fare è sforzarti di dare sempre il meglio di te, in ogni ambito della tua vita, e imporre a te stesso di comprendere gli altri e apprezzarli, apprezzare il fatto che a loro non piaci.

È una conseguenza l'errore numero cinque: **avere paura del giudizio degli altri.** La paura del giudizio ci schiaccia, ci allontana dagli altri, e credimi sono stato in balia della paura del giudizio per una vita, e ancora oggi a dire la verità in alcuni momenti mi faccio qualche domanda su che cosa le altre persone pensano di me.

Ti confesso che difficilmente arriverà il giorno in cui sarò completamente indifferente dai giudizi delle persone, ma con certezza ti posso dire che ci sono tecniche e strategie per sviluppare una nuova consapevolezza di sé e prendere il più possibile le distanze da ciò che gli altri dicono.

Intanto una fra tutte, devo dire molto usata è la strategia del "chi se ne frega". Ogni tanto ci sta anche fregarsene, non è facile ma lo devi a te stesso, la vita è la tua e cosa ancora più importante è una sola, ascolta la tua pancia che sa sempre le risposte, lascia andare, permetti agli altri di poter dissentire e di poterti giudicare.

Tu fregatene e va avanti, non sei su questa terra per giustificarti o dare spiegazione, sei su questa terra per vivere la tua vita e per compiere la tua missione. Gli altri non sono te, non hanno fatto il tuo percorso, non hanno camminato nel tuo fango, convinciti che è più che normale che non capiscano ciò che stai vivendo e per questo ti giudicano.

Piuttosto valuta l'attendibilità e l'autorevolezza di chi ti sta giudicando e poi accetta, lascia andare e inizia a vivere pienamente e con passione, anche i tuoi errori. C'è una frase di una canzone dei Depeche mode che dice: «Se avessi camminato nelle mie scarpe oggi inciamperesti nelle mie impronte».

La paura del giudizio ti porta a due comportamenti che sabotano qualsiasi tuo progetto, due errori che portano enorme disagio, il sesto errore è: **annullarsi.** Per paura di essere giudicato e di essere messo da parte non sai quante volte mi sono annullato, quante volte ho rinunciato a dire la mia.

Quante serate ho rovinato a me stesso, si hai capito bene, "io" le ho rovinate a me stesso perché ho deciso di non esprimere la mia preferenza e quindi sono finito a fare ciò che gli altri volevano che io facessi, o per lo meno, quello che gli altri volevano fare. Oggi a mie spese ho imparato che se non scegli nella tua vita qualcun altro lo sta già facendo al posto tuo. Esprimiti, esprimi il tuo giudizio, forzati a dire la tua, "meglio una cosa che non piace agli altri che niente".

Il settimo errore è: **vergognarsi.** La paura di fare le cose che non conosciamo è una paura che tutti abbiamo provato almeno una volta nella vita. Il problema però in questo caso è che se non facciamo le cose perché ci vergogniamo non le faremo mai, e mai diventeremo abbastanza bravi per essere sicuri di noi. L'unico modo per uscire da questa ruota in cui veniamo catapultati spinti dalla vergogna è essere sicuri e consapevoli che sbaglieremo, e che il rischio di sbagliare è l'unica strada percorribile.

Tanto vale fare, osare, sbagliare il prima possibile e più in fretta possibile così arriveremo prima al risultato che vogliamo ottenere. L'errore è parte dell'apprendimento, a scuola non ce lo dicono, anzi ci fanno crescere con il terrore della penna rossa e con la paura di essere messi alla gogna pubblicamente, e lentamente smettiamo di alzare la mano, smettiamo di provare a dare le risposte, smettiamo di chiedere, di osare e ci specializziamo nell'ottavo errore: **giustificarsi.**

Una cattiva abitudine, difficile da cambiare come del resto tutte le abitudini ben radicate. E allora, te lo ripeto ancora: Prima capisci che non sei su questa terra per dare spiegazioni agli altri e che gli altri comunque non sono te e non capiranno le tue scelte, prima riuscirai a scrollarti di dosso tutte le paure che ti impediscono di vivere una vita piena e ricca.

Giustificarsi, ho notato in questi anni, è la cosa che più fa sentire agli altri la nostra timidezza e la nostra insicurezza, perché viene percepito come una forma di permesso. A tal proposito la strategia che più funziona è quella di imporsi di fare le cose e di non guardarsi indietro, senza giustificarsi. Decidi ciò che vuoi fare, decidi di farlo e poi fallo. Visualizza, decidi, agisci.

Senza nasconderti, o abbassare le spalle o lo sguardo, senza dire una parola. Dai per scontato che quello che hai deciso è il meglio per te e per gli altri. Questo ci accompagna verso gli ultimi due errori che riguardano il "come" facciamo le cose e che svelano agli altri la nostra vera natura.

Il nono errore è: **farsi piccoli.** La postura, i gesti, il tono della voce che usiamo, indicano agli altri il nostro status, come ci sentiamo e qual è la nostra energia. Se mentre facciamo qualcosa ci facciamo piccoli, abbassiamo le spalle, siamo curvi, chiusi, parliamo a voce bassa daremo l'idea di essere persone insicure, timide, daremo l'impressione di non credere nemmeno noi a quello che stiamo facendo.

Se al contrario facciamo ciò che abbiamo deciso con spalle alte, testa su, prendiamo tanto spazio e siamo molto visibili, appariremo senza neanche accorgercene come persone sicure, determinate e affidabili. Agire sulla postura modificando il nostro linguaggio non verbale e paraverbale è davvero il modo più rapido per farci percepire in modo diverso dal nostro interlocutore.

Del resto, come abbiamo potuto vedere parlando di power poses, il corpo e la mente sono strettamente connessi, a tal punto che se è vero che la mente guida il corpo è altrettanto vero il contrario: che il corpo guida la mente.

Il decimo errore probabilmente l'hai condiviso con me più volte ed è: **la paura di fare soffrire gli altri con la nostra verità e con i nostri "no".** Ci sono persone che restano per una vita intera insieme alla persona sbagliata, che preferiscono passare ogni singolo giorno della propria vita soffrendo, piuttosto che dire le cose come stanno, piuttosto che dire cosa provano davvero e ricominciare.

Dire di "no" è difficile, lo sappiamo entrambi, io faccio una fatica enorme a dire di "no", non so tu ma per me è una fatica tutt'oggi nonostante ci abbia lavorato tanto su questo aspetto. Credimi quando ti dico che vorrei dire di "sì" a tutti, fare tutto, cavalcare mille progetti, raggiungere mille obiettivi, contribuire in un sacco di ambiti. Il fatto è che non possiamo fare tutto, o per lo meno non possiamo farlo contemporaneamente. Fare tutto è come non fare niente.

La cosa che dobbiamo assolutamente fare è dire più "sì" a noi stessi per alzare il nostro livello di felicità che è l'unica cosa che migliora la qualità della nostra vita e paradossalmente anche quella degli altri. Ogni "no" che dici agli altri è un "sì" che dici a te stesso.

Bene, dopo aver elencato i dieci errori che io stesso ho individuato su di me, e dopo averti raccontato di alcuni miei comportamenti disfunzionali, ora è il momento per te di acquisire maggiore consapevolezza.

ESERCIZI DEL GIORNO 5:

Prenditi del tempo e riconosci i tuoi comportamenti.

Come ti muovi, cosa fai, quali sono i comportamenti per te utili e funzionali? Cosa infonde fiducia in te stesso? Quando, senti di essere al tuo meglio, sicuro e a tuo agio?

Ora invece concentrati sui tuoi comportamenti disfunzionali.

Quali sono gli errori che commetti più spesso? Quali comportamenti ti fanno apparire timido e insicuro? Quando senti che stai dando il peggio di te?

Ora, se hai risposto alle domande hai nelle mani una bussola capace di orientarti fra una miriade di comportamenti che adotti già o che potresti adottare per allontanarti dalla timidezza, dall'insicurezza e avvicinarti alla migliore versione di te stesso. Con il tuo elenco vai al capitolo successivo e iniziamo insieme ad adottare alcune contromisure.

Giorno 6:

Come costruire un atteggiamento vincente

Mi dissero:
I tuoi sogni non ti porteranno mai da nessuna parte,
ed io andai ovunque.
Joy Musaj

Abbiamo già fatto un po' di strada insieme e di cose, sarai d'accordo con me, ne abbiamo già viste diverse. Ma procediamo in modo ordinato prima di andare in chiusura. Abbiamo visto le abitudini che più ci danneggiano e le abitudini potenzianti che devi acquisire per creare un impatto nella tua vita. Abbiamo esplorato i principi e le abitudini che accrescono il tuo potenziale e quindi la tua autostima. Abbiamo scoperto come utilizzare la tua mente e i tuoi pensieri in modo positivo e proattivo per creare una nuova realtà.

Siamo scesi in profondità nella mia esperienza soggettiva e abbiamo riscoperto i dieci errori da non fare assolutamente. Ora che anche tu hai una lista dei tuoi comportamenti funzionali e disfunzionali passiamo alla ricostruzione del nostro "sé". Spingiamoci oltre in maniera proattiva e iniziamo a lavorare sul potenziale, iniziamo a lavorare alla migliore versione di noi stessi.

Ci sono due elementi che dobbiamo possedere per cambiare, crescere, migliorare:

- Le giuste strategie, ossia la sequenza precisa di considerazioni che portano ad azioni e comportamenti specifici.

- Il giusto atteggiamento, ossia la psicologia da adottare.

Per usare una parola molto inflazionata oggi: "La mentalità". Lascia che ti dica una cosa, purtroppo nessuna strategia vincente potrà mai raggiungere l'obiettivo se non sarà guidata dalla corretta psicologia, da quello che chiameremmo un atteggiamento vincente, da una grande forza di volontà.

È necessario innanzitutto essere allenati, a rifocalizzare e riprogrammare costantemente tre cose:

-Pensieri.

-Parole.

-Azioni.

Uno dei processi più difficili che conosca è influenzare se stessi! Una faticaccia.

Siamo vittime del nostro dialogo interno, delle nostre paure, dei mostri creati e installati quando eravamo più giovani e indifesi, da insegnanti, genitori, compagni di scuola. Come ricordava all'inizio del libro la frase di un vecchio film, «cresciamo nel timore di Dio» e oggi non sappiamo come difenderci dai nostri stessi incubi.

Non esiste una carriera vincente con una psicologia debole. Per questo motivo negli ultimi anni ho dedicato la mia vita a capire come influenzare e rifocalizzare il mio pensiero, le mie parole e le mie azioni: per vincere!

Non avevo più voglia di guardare gli altri vincere, di essere l'ultimo, quello che non veniva mai scelto. A un certo punto mi sono rimboccato le maniche e ho assunto il controllo della mia vita. Sei pronto a lavorare sul tuo nuovo atteggiamento? A conoscere e ad adottare le strategie delle persone vincenti? E allora cominciamo.

Gestisci le tue paure

La paura ci indebolisce, ci tiene schiavi, la paura ci rende timidi e insicuri ecco perché la migliore strategia che possiamo adottare è gestirla. Non eliminare la paura, la paura non va eliminata, va affrontata. Per la legge della polarità c'è un positivo e un negativo in tutte le cose, e in questo caso abbiamo l'ignoranza e il sapere.

Persone ignoranti saranno imbrigliate e tenute schiave dal dubbio, dall'incertezza che genera paura, mentre la conoscenza genera la comprensione. Ecco cosa succede: L'ignoranza genera il dubbio che sfocia nella paura, il sapere al contrario genera la comprensione che sfocia in fede. Entrambe, ignoranza e conoscenza sfociano in qualcosa che non possiamo vedere. La paura viene fuori sotto forma di stress, la comprensione sotto forma di benessere.

Ora, tutto ciò che dobbiamo capire è che per ottenere la conoscenza che poi ci porterà benessere e ci farà evitare lo stress della paura data dal dubbio, dobbiamo studiare.

Studiare come antidoto alla paura

Quando facciamo una cosa nuova ci spaventa perché andiamo verso l'ignoto, andiamo verso qualcosa che non abbiamo mai affrontato. Affrontare la paura dell'ignoto facendo cose nuove, cose che non abbiamo mai fatto ci permetterà di ottenere cose che non abbiamo mai avuto. Come diceva Albert Einstein: «Follia è fare sempre la stessa cosa aspettandosi risultati diversi».

Possiamo rimanere immobili, paralizzati e continuare ad attirare l'ignoranza, o possiamo studiare e iniziare ad attirare a noi la comprensione. Affronta le tue paure e la paura scomparirà, come diceva Ghoete: «Un giorno la paura bussò alla porta, il coraggio andò ad aprire e non trovò nessuno».

Siamo esseri eccezionali, siamo dotati di forza, immaginazione, intuizione, ambizione, ragione, tutte cose che ci permettono di affrontare la paura e vincerla. Ma per godere di queste cose dobbiamo essere consapevoli e la consapevolezza prevede lo studio di noi stessi e delle cose che ci sono lì fuori.

Il nostro sistema di credenze si basa sulla valutazione di qualcosa

È necessario rivalutare le situazioni per far sì che le nostre convinzioni cambino. Molte delle convinzioni che abbiamo sviluppato sono assurde, molte le abbiamo ereditate e non sono più funzionali come lo erano in passato. Dobbiamo sbarazzarci delle convinzioni disfunzionali e acquisirne di nuove più funzionali. La paura ci blocca, non ci fa avanzare, ci fa rallentare. Tutto ciò che dobbiamo fare è studiare per avanzare più velocemente, per sconfiggere la paura.

L'amore come rimedio alla paura

Ti potrà sembrare strano o persino cinico parlare di amore come di una strategia, ma se facciamo le cose tendendo all'amore e mettendo l'amore al primo posto tutte le nostre paure e i nostri dubbi si dissolveranno. L'amore ci rende più sicuri, più fiduciosi e autorevoli. È l'amore per ciò che fai a fare la differenza, ecco perché è fondamentale sfruttare la forza dell'amore.

Devi fare quello che ami, devi individuare ciò che ami fare e decidere di dedicare la vita a esso. Il problema della maggior parte delle persone è che non sanno nemmeno ciò che amano fare e per questo motivo non prendono mai la decisione di dedicare la propria vita a qualcosa. Se ami qualcosa e ti ci dedichi anima e corpo, non ti sentirai mai stanco, non sentirai la fame, la sete, sarai un flusso di energia prorompente, diventerai il più grande strumento che l'universo abbia mai avuto.

Potenzia la forza dell'amore, sviluppala e falla crescere in te. Ama ciò che fai e non ti limitare solo a quello, ama anche le persone con cui lavori, innamorati dell'idea dell'amore. Ti renderai conto che sei qui per fare il lavoro di Dio, o meglio, per sostituirti a lui, e se l'opera di Dio è la creazione allora tu sei qui per creare e tu hai tutte le facoltà immaginative e creative. Quindi ama ciò che fai e creerai grandi cose ovunque tu vada.

Volontà e disciplina, le chiavi del tuo successo

Dovrei mettermi a dieta, vorrei guadagnare di più, devo far crescere la mia azienda, dovrei fare un po' di attività fisica... Quante volte avrai sentito queste parole da persone a te vicine che sanno di dover cambiare. Purtroppo per migliorare la qualità della propria vita non bastano i pensieri, i desideri e le speranze, serve disciplina.

È la disciplina a migliorare la qualità della nostra vita, pensaci bene: Tutti lì fuori ambiscono a una migliore qualità della vita, ma tantissimi smettono di aspirare a migliorarla perché hanno fatto l'abitudine ai loro problemi. Ci sono persone che accettano di essere in sovrappeso solo perché la dieta e l'esercizio fisico le metterebbe a disagio.

E poi ci sono persone che accettano lavori mal pagati per non prendere in considerazione l'idea di mettersi in proprio. E ancora ci sono persone che portano avanti relazioni ormai finite solo perché un matrimonio noioso è sempre meglio della solitudine. Per migliorare è necessario avere disciplina, perché migliorare vuol dire cambiare, apprendere cose nuove, fare nuove conoscenze, parlare con persone diverse. Per migliorare è necessaria una crescita interiore, e il cambiamento presuppone spesso il disagio. La vita migliora solo se migliora la persona.

Se non ci discipliniamo noi il mondo ci disciplina costantemente

Pensa a chi ha cattive abitudini alimentari, come potrai immaginare ingrassa. Pensa ora a chi non ha disciplina in campo economico e gestisce i suoi soldi in modo sconsiderato, li perde. Pensa a chi è poco onesto, o inganna le altre persone dicendo menzogne, finisce ben presto per rimanere solo, gli onesti lo disciplinano evitandolo.

Se vogliamo una migliore qualità della vita dobbiamo fare attenzione alla nostra disciplina, altrimenti sarà il mondo che penserà a disciplinarci.

Quando sfrutti il tuo potenziale tu cambi

Gli uomini non sfruttano a pieno il proprio potenziale, e molte volte non sanno neanche di avere un potenziale. Il motivo è semplice: Pigrizia. La pigrizia miscelata alla paura ci fa rimanere dove siamo e ci impedisce di guardarci dentro, di andare alla scoperta del nostro potenziale.

Per accedere al proprio potenziale ognuno di noi deve ricorrere alla disciplina, che in molti casi può essere semplicemente identificata come la capacità di fare ciò che si deve fare, quando si deve fare… Anche quando non si ha voglia.

Disciplina e volontà

Per elevare la qualità della nostra vita dobbiamo avere disciplina e una grande forza di volontà sia a livello mentale, che a livello emotivo, fisico e spirituale. La felicità oltre a essere il fine ultimo è anche un indicatore che ci tiene sulla giusta rotta. Se la vita che viviamo non ci piace l'unica cosa che dobbiamo fare è sviluppare la volontà di cambiarla.

E per farlo non basta agire solo su uno di questi livelli, ma bisogna cambiare mentalmente, emotivamente, fisicamente e spiritualmente.

Felicità uguale successo

La felicità come diceva Aristotele è il fine ultimo, è il risultato al quale ambiamo e al quale in realtà tutti ambiscono. Ma la felicità finisce per diventare a sua volta una strategia, la nostra strategia per stare bene e attrarre a noi il meglio. Si dice che i soldi fanno la felicità, ma quelli che lo dicono sono proprio quelli che i soldi non li hanno, al contrario di ciò che le persone pensano e di quello che in tanti ci dicono, la felicità fa i soldi e non il contrario.

Se sei felice sarai in grado di creare le condizioni per vivere una vita ricca e affascinante. Se usi la felicità a tuo vantaggio e a vantaggio delle altre persone attirerai la sicurezza di cui hai bisogno in tutte le situazioni. Le emozioni negative ti indeboliscono, le emozioni positive ti rendono più forte, per esempio aumentano la forza della tua voce, rafforzano il tuo linguaggio del corpo.

Più sei positivo e più sei in grado di influenzare, e più sei felice maggiore influenza avrai sugli altri. Non sono storie, è questione di vibrazioni emanate, è questione di energia, e come ben saprai noi siamo energia che vive all'interno di un campo magnetico.

Rafforza la tua disciplina e la tua ossessione

Te lo ripeto, la disciplina migliora la qualità della nostra vita. E per aumentare il nostro livello di disciplina dobbiamo diventare persone solari, positive, sviluppare il nostro ottimismo e sfruttare il potere del focus, ossia il potere che deriva dal concentrare la nostra mente verso qualcosa.

Occorre sviluppare il nostro grado di attenzione al fine di portare i nostri pensieri verso un'unica direzione quella dei nostri obiettivi. Se il tuo obiettivo è aumentare la sicurezza in te stesso, sii ossessionato da ciò che ti permette di diventarlo, i comportamenti da tenere, i modi di fare, il linguaggio del corpo, il modo di parlare.

Dai a te stesso il permesso di essere ossessionato

Disse una volta il colonnello Francescon: «Dall'altra parte del mondo qualcuno si sta allenando e tu no. Un giorno tu lo incontrerai e lui ti batterà».

Sviluppare un'ossessione significa concentrare tutti i tuoi sforzi e tutte le tue energie su ciò che ti rende felice. Dai a te stesso il permesso di diventare ossessionato, ripeti costantemente che sei un essere eccezionale e che puoi avere tutto dalla vita.

Il primo passo

Il primo passo da fare è sviluppare consapevolezza delle nostre capacità creative innate o acquisite, mentre il secondo è affermare positivamente che un successo sta già operando con forza e con creatività nella nostra coscienza. Un altro step consisterà nell'affrontare una situazione scoraggiante con calma, lasciandola raffreddare al fine di evitare qualsiasi forma di panico.

Dobbiamo essere consapevoli che nei momenti di difficoltà e di crisi si tende sempre a reagire emotivamente e l'unico modo per raffreddare la mente è ricorrere a una severa disciplina. E non si può applicare se la mente è allarmata o amareggiata, o irritata o emotivamente condizionata.

La mente umana non può operare al meglio in queste condizioni. Solo quando la mente è fredda, lucida, distaccata, può operare al meglio e in modo organizzato. In questo modo può produrre intuizioni e soluzioni.

Il potere delle affermazioni positive

Per aumentare la calma e tenere a bada le emozioni, una strategia infallibile consiste nel ricorrere alle affermazioni positive. Queste hanno il compito di ricondizionare il nostro subconscio. Puoi trovare tu le affermazioni che sembrano più funzionali per te e per la situazione che stai vivendo. Quelle che io uso di più per me sono:

- Io posso ciò che voglio.
- Sono il padrone del mio destino, il capitano della mia anima.
- Il potere viene da dentro.
- Io sono destinato a essere chi voglio diventare.
- Sono inarrestabile, posso fare cose straordinarie.

Ce ne sono un'infinità scegli quelle che più senti vere per te, quelle che ti fanno sentire credibile e a tuo agio. Naturalmente all'inizio ti sentirai scomodo e a disagio nel ripeterti queste frasi, sarà qualcosa che il tuo cervello rifiuta. Tu non mollare persevera e vedrai che l'affermazione che usi pian piano finirà per influenzare il subconscio fino a convincerlo totalmente. Comunque anche se non ci credi prova... Che hai da perdere? Tutto quello che può succedere è che non succede nulla.

Fatti aiutare dalla tua visione

L'immaginazione è lo strumento più potente che abbiamo per creare la nostra realtà, il futuro come noi lo vogliamo. Ecco cosa succede: nella mente conscia c'è un flusso costante di energia, i pensieri la attraversano incessantemente andando a riversarsi nell'inconscio, prendendo forma poi attraverso il corpo.

Per creare la nostra realtà, la cosa che possiamo fare è sfruttare il potere dell'immaginazione per creare un'immagine nitida di ciò che vogliamo ottenere, l'immagine chiara della realtà che vogliamo realizzare da trasmettere costantemente alla mente inconscia. Il modo per aumentare la velocità di questo flusso è quello di usare i nostri sentimenti.

Il sentire la nostra immagine, ossia ciò che proviamo, rende più forte e più potente questo comando che la mente conscia trasferisce nell'inconscio, ed ecco che il corpo si metterà in moto per realizzare ciò che la mente inconscia desidera.

Ogni tanto rilassati e sfrutta il potere del silenzio

Ciò che più di tutto potenzia l'immagine dentro la tua mente conscia è il silenzio. Fermati quindi e concentrati sul tuo respiro, ascoltati, ascolta ciò che desideri e crea un'immagine di ciò che vuoi ottenere, così da cambiare i segnali che invii al tuo subconscio. Medita. (Riprendi l'esercizio che abbiamo visto insieme nelle pagine precedenti.)

Cambia il tuo atteggiamento con tre piccole azioni quotidiane

Ora è arrivato il momento di mettere in pratica ciò che abbiamo appreso e per farlo ti suggerisco tre azioni quotidiane che puoi fare da subito per testare il controllo che hai su di te e per lavorare sul tuo nuovo atteggiamento.

Esci la mattina con l'atteggiamento della persona sicura che vuoi essere

Ricorda: le azioni sono sotto il nostro controllo, mentre i risultati sono completamente fuori dal nostro controllo. Ciò che possiamo fare sin da subito quindi è agire "come se". Questo esercizio ci permette di adottare e sviluppare l'atteggiamento della persona che vogliamo diventare, prima ancora di esserlo.

Non si tratta di fingere, si tratta di vivere consapevolmente le nostre sensazioni desiderate. E questo step ci consente di reincarnare il modello di sicurezza che abbiamo nella mente. Si chiama modeling, ossia la nostra capacità di imitare e modellare altre persone che hanno già raggiunto i risultati che vogliamo ottenere, al fine di adottarne gli stessi comportamenti, modellarne i risultati e infine raggiungerli.

Se vuoi essere percepito come sicuro e autorevole trova qualcuno che lo è già per te e modellalo, esci di casa già la mattina con l'atteggiamento della persona che vuoi diventare. Se non ti fosse chiaro ti faccio anche un altro esempio, se sei in sovrappeso frequenta persone magre o meglio, persone che possiedono già il peso forma che vuoi raggiungere.

Modellane i comportamenti, acquisisci lo stesso modo di pensare, adotta non solo i comportamenti esterni ma anche quelli interni, sensazioni, emozioni, modellane lo stile di vita.

Non chiedere...Fai

Se chiedi ti esponi al "no", quindi alla fine ti trovi a dover accettare tanto il "no" quanto il "sì". Se sei sicuro di voler fare una cosa falla, se pensi che sia giusto vai dritto per la tua strada, decidi tu, del resto sai come si dice: «Non è mai il momento sbagliato per fare la cosa giusta».

La scelta è tra chiedere e non chiedere di poter fare. In questo caso FAI. Se fai significa che farai qualcosa, e sarà il primo passo, quindi se dovesse arrivare il "no" del tuo capo, del tuo collega, del partner, sarai già un passo avanti verso il "sì" alla fine sarai già proiettato sul risultato. Fare e prendere un "no" dopo, non è così grave come prendere un "no" prima ancora di cominciare.

Prova

Se non provi per troppa timidezza succederà che presto o tardi ti mangerai le mani, per il semplice motivo che non saprai mai come sarebbe andata se avessi provato. Quante volte ti sarà capitato di evitare di fare qualcosa che avrebbe potuto essere giudicata male e hai finito per rinunciarci a lungo.

Poi però hai deciso di provare e ti sei reso conto che gli altri avevano tutto un altro pensiero. Quindi prova, perché ne vale la pena, osa, perché il risultato potrebbe stupirti, o ancora meglio potresti arrivare al risultato senza dover nemmeno discutere con qualcuno.

Potresti scoprire che tutte le avversità e le difficoltà erano solo nella tua testa.

RIEPILOGO DEL GIORNO 6:

- SEGRETO n. 1: È il nostro atteggiamento nei confronti delle cose, degli eventi dei task che influirà sul nostro successo.

- SEGRETO n. 2: È il nostro atteggiamento nei confronti della vita che ne determina la qualità.

- SEGRETO n. 3: Siamo interdipendenti ed è impossibile riuscire senza gli altri, e sarà il nostro atteggiamento verso gli altri a determinare il loro atteggiamento nei nostri confronti.

- SEGRETO n. 4: Prima di raggiungere lo stile di vita che vuoi vivere devi diventare quel tipo di individuo che merita ed è capace di avere quello stile di vita. Devi pensare, agire, parlare, camminare e comportarti in tutto e per tutto come quella persona.

- SEGRETO n. 5: Ricorda la legge della sostituzione, è possibile tenere in mente solo un pensiero per volta, quindi pensa positivo.

- SEGRETO n. 6: Il più alto desiderio degli esseri umani è "ESSERE", sentirsi importanti ed essere apprezzati. Daglielo e loro lo restituiranno a te.

- SEGRETO n. 7: Impara e tieni in considerazione le idee altrui… C'è sempre da imparare.

- SEGRETO n. 8: Non perdere tempo a parlare dei tuoi problemi o di quelli degli altri.

- SEGRETO n. 9: Non parlare della tua salute a meno che non sia buono.

- SEGRETO n. 10: Irradia l'atteggiamento di fiducia e benessere, ispira chi ti circonda e le cose buone inizieranno a succederti.

Giorno 7:

Come iniziare a vivere davvero

Scopri il tuo valore

Una antica favola africana racconta la storia di una donna che teneva due grandi vasi appesi alle estremità di un lungo bastone che portava bilanciandolo sul collo. Uno dei due vasi aveva una crepa mentre l'altro era intero, così alla fine del lungo tragitto dalla fonte a casa il vaso intero arrivava sempre pieno, mentre quello con la crepa arrivava sempre mezzo vuoto.

Per oltre due anni ogni giorno l'anziana donna riportò a casa sempre un vaso e mezzo di acqua. Ovviamente il vaso intero era fiero di se stesso mentre il vaso rotto si vergognava terribilmente della sua imperfezione e di riuscire a svolgere solo metà del suo compito. Dopo due anni, finalmente trovò il coraggio di parlare con l'anziana donna e dalla sua estremità del bastone disse: «Mi vergogno di me stesso, perché la mia crepa ti fa portare a casa solo metà dell'acqua che prendi».

L'anziana donna sorrise: «Hai notato che sul tuo lato della strada ci sono sempre dei fiori che sull'altro lato non ci sono? Questo succede perché dal momento che so che tu hai una crepa e lasci cadere dell'acqua, ho piantato semi di fiori solo sul tuo lato della strada, così ogni giorno tornando a casa tu innaffi i fiori che io per due anni ho raccolto per colorare il nostro villaggio». Se tu non fossi così come sei il nostro villaggio non sarebbe così bello.

Sono le crepe, le imperfezioni che ciascuno di noi ha a rendere la nostra vita interessante e degna di essere vissuta. Devi solo essere capace di prendere ogni persona per quello che è e convincerti che sono le debolezze, le crepe, le imperfezioni a renderci unici, quindi… Speciali.

Quando mi avvicinai alla crescita personale le cose sono ulteriormente cambiate perché ho iniziato a guardarmi dentro con occhi diversi, le mie imperfezioni, le debolezze o le differenze che notavo con le altre persone erano ciò che mi rendevano unico, speciale. Si trattava solo di capire come impiegare e dove indirizzare quelle risorse così diverse e uniche.

Il circolo creativo della realtà

Hai mai sentito parlare di circolo creativo della realtà? Ormai avrai capito come funziona: I nostri pensieri generano le emozioni, le emozioni generano i nostri stati d'animo, in base al nostro stato d'animo prendiamo decisioni, in base alle decisioni che prendiamo facciamo delle azioni che non sono altro che i nostri comportamenti e le nostre azioni/comportamenti producono i nostri risultati nella realtà.

I risultati che generiamo produrranno dei nuovi pensieri e così via. Secondo questo schema la responsabilità di ciò che ci accade è sempre e solo la nostra. Noi abbiamo il controllo della nostra vita e qualsiasi cosa che non ci piace possiamo cambiarla, partendo dai nostri pensieri, dalle nostre emozioni e dalle decisioni che prendiamo.

Il segreto per avere una vita di qualità

Abbiamo un grande potere e questo potere si chiama capacità di decidere. La qualità della nostra vita è scandita dalle nostre scelte, decisioni di qualità produrranno una vita di qualità. E se seguiamo lo schema qui sopra descritto, cos'è che più di tutto influisce sulle nostre decisioni? Esatto!! Il nostro stato d'animo.

Facci caso, quando siamo arrabbiati, tristi o sfiduciati tendiamo a prendere cattive decisioni, alcune volte finiamo per metterci nei guai e farci stare ancora più male. Pensa alle decisioni che prendi mentre litighi con il tuo partner, o pensa alla gran parte delle decisioni che hai preso in passato mentre eri in preda alla paura.

Sequestro emozionale

Quando nutriamo emozioni negative come la rabbia, la paura, lo stress, il dubbio, l'incertezza, si dice che il nostro cervello è in sequestro emozionale. In questo caso prendere una decisione è la cosa più sbagliata che ci possa essere.

In Programmazione neuro linguistica diremmo che la cosa migliore da fare sarebbe quella di rimetterci in stato, ossia di andare a caccia di quelle emozioni funzionali al fine di ritrovare lo stato più produttivo per prendere decisioni di qualità.

Guardati dentro

Qualsiasi sia il tuo passato, qualsiasi sia il tuo stato attuale, non importa... Oggi è il giorno zero. Hai capito bene, non importa cosa ti è successo in passato e non hanno importanza le emozioni che hai provato fino a ieri, non hanno importanza nemmeno i tuoi stati d'animo, ciò che importa è la decisione che prendi adesso.

Ora sai che ciò di cui hai bisogno è guardare dentro te stesso, rivedere i tuoi pensieri e iniziare a farli lavorare per te invece che contro di te. Dare retta alle tue emozioni e fidarti dei tuoi stati d'animo. E quando questi non sono funzionali ti basta cambiarli prima di prendere qualsiasi decisione. Ora ti sarà chiaro che per aumentare la tua autostima devi nutrire la mente di buoni pensieri.

Non puoi controllare il destino, ma puoi controllare i tuoi pensieri

Il potere è dentro di te. Hai il potere di trattarti con amore, hai il potere di vivere una vita piena e felice, hai il potere di attrarre l'amore, di avere lunghe relazioni e di ottenere successo. Se hai dei dubbi riguarda il circolo creativo della realtà, prendi maggiore consapevolezza della responsabilità che hai sulla tua vita, e mai e poi mai rinuncia a esercitare il tuo potere.

Inizia con piccole azioni

Ti può sembrare strano ma ci sono delle azioni che puoi fare sin da subito, comportamenti che puoi adottare per accrescere la sicurezza in te stesso.

Scova la felicità a tutti costi…È già dentro te

La nostra felicità è sempre legata a qualcosa lì fuori che dobbiamo ottenere. "Se ottengo il lavoro sarò felice", "se avrò l'aumento la mia vita migliorerà", "se mi dirà di sì starò finalmente bene". La verità è che fin quando la nostra felicità sarà direttamente collegata a eventi esterni ciò che possiamo ottenere è un senso di infelicità costante.

E la mancanza di fiducia in noi stessi è il minimo che possiamo ottenere. Siamo insicuri, timidi, spaventati perché mettiamo la nostra felicità in mano a qualcun altro, consegniamo la nostra serenità ai nostri risultati. Ciò che possiamo ottenere può svanire da un momento all'altro, i soldi che guadagniamo, il posto di lavoro, la casa di proprietà, puoi accumulare un'immensa ricchezza ma puoi perderla domani. Tutto ciò che puoi avere puoi perderlo.

Hai appreso l'infelicità

Non c'è niente che devi avere, fare, o essere per essere davvero felice. La felicità è qualcosa che si trova già dentro di noi, è innata. Noi siamo nati per gioire, siamo nati per ottenere, peccato che ci hanno insegnato l'infelicità. Hai capito bene, sin da piccoli abbiamo speso un mucchio di tempo ad apprendere cose infelici, come ottenere un lavoro, come inviare un curriculum, come lavorare per soldi.

Concentrati sul processo non sul risultato

Tutto cambia quando investiamo sul processo anziché sul risultato. Concentrarci sul risultato è un bene ed è utile perché ci dà la direzione, al contrario investire sul risultato significa far dipendere il nostro benessere dal raggiungimento di questo, il che farà di noi persone estremamente insicure e fragili. È questa la ricetta infallibile del fallimento.

Dai il meglio di te

Quando dai il meglio di te il risultato sarà sempre di tuo gradimento, perché la tua felicità è data da quello straordinario senso di soddisfazione che fa tutta la differenza del mondo nella nostra biochimica interna. Quando dai il meglio di te non è importante se vinci o se perdi perché comunque avrai ottenuto il rispetto del tuo avversario.

La felicità non è in ciò che ottieni ma nella persona che sei dovuta diventare per dare il tuo meglio. Ecco una cosa che nessuno potrà mai portarti via: la persona che sei diventata. E poco importa quello che succederà lì fuori perché se avrai avuto successo sarà meraviglioso, ma se non avrai successo sarà meraviglioso uguale.

Le cose importanti non sono cose
Quando ti senti infelice e pensi di aver perso tutto o che sei a un passo dal perdere ogni cosa, pensa alle cose che non puoi perdere, pensa che le cose più importanti nella vita non sono cose. Non puoi perdere le tue passioni, non puoi perdere il tuo sorriso, non puoi perdere la tua curiosità.

Non puoi perdere la tua unicità, le tue debolezze, la tua forza, nessuno può portartele via. Non puoi perdere quello che pensi di te, non puoi perdere l'affetto delle persone care, non puoi perdere le tue conoscenze e le tue esperienze di vita, quelle verranno sempre con te e sarà da queste che ripartirai quando sarà giunto il momento di ricostruirti, di risorgere.

Nessuno potrà mai portarti via la capacità di amare o gli occhi con cui guardi il mondo, nessuno potrà mai portarti via la possibilità di dare una svolta alla tua vita. Guardati dentro e inizia a cercare la felicità a tutti i costi, investi sul processo non sul risultato, lascia andare e accetta che la vita sia già perfetta così come è che tutto sia già meraviglioso, e sii grato… non per forza dobbiamo cambiare le cose.

Concentrati solo su ciò che puoi controllare

Se vogliamo apparire più sicuri, e divenire persone più carismatiche dobbiamo mettere il focus esclusivamente su ciò che possiamo controllare. Le azioni sono direttamente sotto il nostro controllo, i risultati al contrario sono completamente fuori dal nostro controllo, questa è una definizione assolutamente da tenere in mente se vogliamo cambiare le cose nella nostra vita.

Non serve spendere troppe energie sulla nostra sfera di coinvolgimento, mentre è necessario trovare un equilibrio fra tutte le piccole azioni che possiamo fare quotidianamente: guardarci dentro per cercare la nostra verità, tentare di vedere le cose da un altro punto di vista, avere voglia di cambiare le cose, imparare e ricercare informazioni per trasformare noi stessi per saper lasciar andare, e permettere che le cose possano accadere.

12 comportamenti per essere sicuri. Cercali dentro di te

Ecco 12 lezioni che mi porto dietro dallo stoicismo. 12 comportamenti che puoi decidere di adottare sin da subito, per prendere il controllo di te, della tua vita. Strategie che ti permettono di accrescere la tua autostima, di credere in te, di adottare un nuovo e differente atteggiamento perché pongono l'attenzione su di te e ti consegnano la completa responsabilità. Leggili, prenditi il tempo che ti serve per farli tuoi, usa ciò che più ti è utile e lascia andare gli altri, infine applicali alla tua vita.

1) La realtà non esiste.

La tua realtà è fatta delle tue opinioni, delle tue percezioni, di come filtri il mondo attraverso i tuoi cinque sensi, perciò vedi tutto in chiave positiva. Vedi ogni accadimento come un'opportunità di crescita.

2) Ignora ciò che fanno gli altri.

Non sprecare ciò che resta della tua vita dando troppa importanza agli altri ricorda ciò che diceva Marco Aurelio: «Tutto ciò che ti distrae dalla fedeltà al sovrano che è dentro di te rappresenta una perdita di tempo e la perdita per un'opportunità di compiere un altro task». Il tuo tempo su questa terra è limitato, ignora tutti e concentrati sul compito da svolgere, che è il tuo scopo, il reale "perché" sei su questa terra.

3) La mattina ti svegli per il lavoro dell'umanità.

Chiediti per quale motivo sei stato progettato. Scopri il tuo talento che altro non è che il tuo dono. Scopri come condividerlo al meglio con gli altri, medita sempre su questo e non distrarti.

4) Fai meno.

Come direbbero gli anglosassoni, *do less*. Elimina le cose e le azioni superflue nella tua vita, se cerchi la felicità limita i tuoi comportamenti a quelli essenziali e sociali, del resto molte delle nostre azioni e delle nostre parole non sono necessarie. Meno parole e meno azioni vuol dire meno stress.

Quindi: meno pensieri, meno azioni superflue, meno parole inutili uguale più focus e più attenzione per le cose davvero importanti. Scopri cosa è superfluo nella tua vita e impara a dire di "no" il più spesso possibile.

5) Sei più forte di quanto pensi.

Quando le persone ti fanno del male ripeti a te stesso queste parole: «Sono fortunato, tutto questo mi ha lasciato senza amarezza… La cosa sarebbe potuta succedere a chiunque, ma non tutti sarebbero emersi senza esserne ricoperti».

Questo vuol dire che sei più forte di quanto pensi, non puoi impedire alle altre persone di lanciarti le loro cattiverie e le loro frustrazioni, ma puoi cambiare la tua interpretazione della situazione. La vita è difficile per questo motivo a volte vivere è un atto di coraggio. Tu immagina di essere un gigante mentre gli altri sono solo formiche che cercano di farti del male. Ripeti a te stesso: «Io sono così forte che questa cosa ha distrutto gli altri ma non me».

6) Parla poco e bene e fai attenzione perché le cose cattive non

accadono solo alle persone cattive. Lascia che il silenzio sia il tuo obiettivo e dici solo ciò che è necessario. Sii breve. Quando sei chiamato a parlare non dire mai banalità. Non fare gossip, non incolpare nessuno, non fare confronti, non giudicare.

Ognuno attrae a sé gli eventi in base alle decisioni che prende e ai comportamenti che ha. È una legge come la legge di gravità: «Non importa che tu sia una brava o una cattiva persona se cadi da un ponte ti schianterai».

7) La morte bussa alla tua porta.
Pensa di essere morto oggi. Pensa come se dovessi morire domani, pensa a tutte quelle persone che sanno di avere una malattia. Quando sanno di dover morire le persone lasciano cadere tutto ciò che è superfluo e poco importante per concentrarsi solo su ciò che gli piace. Pensare alla morte ci restituisce concentrazione. Se pensiamo di dover morire non sprechiamo il nostro tempo.

8) Non lamentarti.
Dice Marco Aurelio: «Se il tuo cetriolo è amaro buttalo via e se ci

sono rovi sul tuo cammino, aggirali e passa dall'altro lato». Se c'è qualcuno che ti dà fastidio ignoralo, se odi il tuo lavoro lascialo o trova un modo per renderlo meno doloroso e infelice, spesso non possiamo cambiare le nostre situazioni esterne nel mondo, ma possiamo sempre cambiare atteggiamento nei confronti del mondo. Invece di lamentarti pensa come poter utilizzare al meglio tempo, energia e denaro, sono le risorse a tua disposizione.

9) Lascia andare i sentimenti negativi.

Non lasciare che questi compromettano la tua identità e la tua integrità. Fai finta che ogni sfida che si presenta nella tua vita ha lo scopo di farti apprendere una lezione per farti crescere. Fai quindi una pausa e fa un respiro profondo, come diceva Epiteto: «Non basta essere insultati o essere colpiti per essere danneggiati devi credere di esserlo». Se qualcuno riesce a provocarti renditi conto che la tua mente è complice nella provocazione.

10) Puoi vivere felice ovunque se pensi agli aspetti positivi di ogni situazione. Quindi aiuta il bene comune, evita tutte le azioni casuali o senza scopo e fai tutte quelle che favoriscono il bene delle altre persone. Questo significa essere onorevole e

propositivo. Anche se difficile continua a fare del bene agli altri pure se ti odiano e una volta che aiuti qualcuno dimenticalo. Il piacere di aver aiutato gli altri è già abbastanza.

11) Sii grato delle tue benedizioni perché nulla è permanente.

Le situazioni cambiano continuamente, è una legge universale, quindi apprezza ciò che hai oggi perché potrebbe non esserci domani. Impara a goderti cose e persone senza sentirti in diritto di possederle. Non lamentarti per ciò che non hai, ma ringrazia per ciò che hai e pensa che se non avessi ciò che hai brameresti per averlo. Sii Grato per ciò che hai, perché è ciò che un tempo volevi e hai ottenuto.

12) Scegli di tenerti stretto i tuoi lati migliori, anche le tue timidezze.

Parla senza giudicare, distingui i fatti dalle opinioni, astieniti da queste dal momento che di solito non hai informazioni sufficienti. E sospendi il giudizio, riconosci i tuoi limiti e i limiti della tua comprensione. Il giudizio non aggiunge niente ai rapporti se non emozione negativa. Forse potremo non avere il controllo degli eventi che ci riguardano ma di sicuro abbiamo il controllo di come affrontiamo gli eventi e di come ci approcciamo alle cose.

Usa l'ultima parte della giornata per guardarti dentro

Giunto fin qui, avrai sicuramente compreso l'importanza della consapevolezza, e di come osservare te stesso dall'interno impatta sulla tua vita reale. Ogni sera prima di andare a dormire rifletti sulla tua giornata, questo ti permetterà di porre la tua attenzione sui comportamenti funzionali ma soprattutto su quelli che non hanno funzionato.

Epiteto diceva: «Non andare a dormire se non hai fatto un'analisi della tua giornata». Soffermati quindi su ogni azione, chiediti cosa hai sbagliato, cosa hai fatto invece che ha prodotto risultati soddisfacenti, chiediti cosa hai lasciato incompiuto, quindi rivedi i tuoi atti.

Rivedere a fine giornata ciò che è successo durante il giorno è una strategia preziosissima che ha l'obiettivo di concentrarti sulle cose importanti. Scrivi qualcosa per tutti i successi della tua giornata, scrivi i comportamenti, la loro valenza etica, se hai parlato male di qualcuno, chiediti perché è successo e cosa puoi migliorare.

Perdona te stesso per le cose che non sono andate come avresti voluto del resto hai fatto del tuo meglio. Pensa a cosa hai fatto bene oggi in modo da poterlo ripetere domani e soprattutto sii grato per tutto ciò che hai vissuto, del resto come si dice: «Se è andata bene è stato un successo, se non è andata bene è stata esperienza, in ogni caso raccogli qualcosa».

RIEPILOGO DEL GIORNO 7:

- SEGRETO n. 1: L'imperfezione è un dono, sii consapevole delle tue debolezze perché rappresentano la tua unicità. È ciò che ti rende speciale quindi scopri il tuo valore.

- SEGRETO n. 2: Rafforza le convinzioni che hai su di te. Ciò che pensi di te stesso determina le tue decisioni, i tuoi comportamenti e quindi i tuoi risultati.

- SEGRETO n. 3: Le tue sensazioni sono un indicatore. Stati d'animo non funzionali ti fanno prendere pessime decisioni. Impara a guardarti dentro e a gestire le tue emozioni e le tue decisioni.

- SEGRETO n. 4: L'infelicità è appresa, ce la insegnano da piccoli nelle scuole, a casa, nelle palestre e ci dimentichiamo spesso come è fatta la felicità. Tu scovala a tutti i costi, essa è già dentro di te.

- SEGRETO n. 5: Concentrati solo su ciò che puoi controllare, che è ciò che viene da dentro, i tuoi pensieri, le tue parole, i tuoi comportamenti.

Giorno 8:

Siamo nati per vincere: pensa in grande

Se ti fermi ogni volta che un cane abbaia
non finirai mai la tua strada

Proverbio arabo

Uno sprazzo di luce

Dovetti così ancora una volta reinventarmi. Stare al vertice e gestire persone non era come fare l'animatore, e come in un thriller mi sentì di nuovo di non essere decisivo nella mia vita, ancora una volta ero tornato sugli spalti del mio film a fare lo spettatore. Cominciai a studiare perché sentivo che dentro di me c'era un vuoto, un gap da colmare.

Iniziai a frequentare corsi di formazione dove ero costretto a rimettere tutto continuamente in discussione, i miei valori, le mie convinzioni, le credenze che avevo sviluppato fino a quel momento. Fu nelle aule dei seminar di Pnl e durante gli eventi dei grandi leader che iniziò sempre più a farsi spazio dentro me l'idea che la realtà non esiste.

Che quella che era la realtà che avevo vissuto fino a quel momento altro non era che uno dei tanti possibili scenari. Dovevo comprendere. Dovevo capire di più come funzionava, cosa era accaduto alla mia vita e cosa stava accadendo ora. Ho iniziato a studiare e a leggere come se da quello dipendesse la mia vita. Ne ho fatto una questione di vita o di morte.

Quando nel 2017 ho creato il mio Brand "Volontà di Cambiare", e ho iniziato a portare la crescita personale nel sud Italia e nella mia città, lì dove tutto era iniziato, mi resi conto che mi trovavo nel posto che per tutta la vita e più in assoluto avevo cercato di lasciarmi alle spalle. Ero tornato a casa.

Potevo scegliere qualsiasi posto al mondo e sono tornato a casa. Esattamente lì dove tutto era iniziato. Solo che questa volta è stata una figata perché non ci sono tornato da timido. Il vecchio Emanuele aveva lasciato il posto alla versione migliore di se stesso. Mi rendevo conto che ero tornato con uno scopo, con un obiettivo, riconoscendo il mio valore.

Ero tornato, ma questa volta non da spettatore bensì da

protagonista con un sacco di storie da raccontare, conoscenze, competenze e un libro da scrivere, e corsi formativi per aiutare tutti coloro che come me anni prima, erano disillusi e insoddisfatti della propria realtà. E posso dire oggi, con immenso stupore, che trovai moltissime persone che volevano imparare, crescere, cambiare, migliorare e che come me volevano inseguire i propri sogni.

La gente mi chiamava, mi chiedeva aiuto, voleva conoscere quale fosse stata la mia esperienza. I miei corsi di public speaking e di comunicazione efficace erano un momento di crescita e di confronto dove le persone potevano esprimere se stesse e apprendere tecniche e strategie per alzare i propri standard.

La mia vita è cambiata perché io sono cambiato, perché ho capito che il segreto nella vita non è solo aprirsi ma ampliarsi. Aprirsi alle altre persone, alle circostanze e a nuove esperienze ti permette di vivere una vita piena, ricca e abbondante, ma ampliare te stesso vuol dire vivere la vita secondo le tue potenzialità, secondo ciò che hai dentro e alla fine di questo libro scoprirai che è infinito.

Ho anche capito che cadere è normale, fa parte del gioco, ma rialzarsi è una figata pazzesca. E ancora, ho capito che aspettare fino a non fare... Non serve a nulla, l'errore è parte dell'apprendimento e quindi prima sbaglio prima potrò farlo meglio. Oggi posso dirtelo con certezza: La timidezza fa schifo ma non è una malattia come mi dicevano da piccolo e non si elimina.

Dalla timidezza non si guarisce. La timidezza si gestisce con lo studio, con la conoscenza e con la pratica. La timidezza si fa sicurezza provando e riprovando, cadendo 7 volte e rialzandosi 8. Ora lo so, non smetterò mai di essere timido, è una sfida, la mia sfida personale, ma a differenza del passato lotto e mi preparo per trovare la sicurezza e la fiducia in me stesso di cui ho bisogno.

Il fallimento è inevitabile

Il fallimento è inevitabile di questo te ne devi convincere, non puoi pensare di intraprendere una serie di azioni, tra le quali anche quelle comprese in questo libro e non fallire mai, ma se vorrai ottenere qualcosa dalla vita sappi che sarà inevitabile esporsi al fallimento e non sarà piacevole perché del resto non saprai mai con anticipo quanto lungo e buio sarà il tunnel.

Il segreto sta nell'essere consapevoli che una certa dose di fallimento è inevitabile, che è impossibile vivere senza fallire in qualcosa a meno che non si viva in modo così prudente da non vivere del tutto. E in quel caso avremo fallito in partenza.

L'unica cosa che possiamo fare di fronte a un fallimento è sfruttarlo a nostro vantaggio traendone degli insegnamenti, traendone quelle abilità che poi ci porteremo dietro. Il fallimento ci permette di conquistare quella fiducia interiore che mai prima avremmo pensato di avere, perché ci mette in contatto con noi stessi.

Quando fallisci fai un processo di analisi interiore che quando vinci non fai, tendi a smontare gli ingranaggi, a rivedere i tuoi comportamenti. Senza il fallimento non impareremmo mai delle cose su di noi. Ecco perché è così importante fallire, perché ci restituisce una nuova consapevolezza, quella che ci rialzeremo più forti e più saggi di prima dalle cadute della vita, e da quel momento saremo più sicuri delle nostre capacità.

Conosceremo davvero noi stessi solo quando saremo messi alla prova dalle avversità. Il fallimento è inevitabile ma porta con sé un beneficio enorme, quello di riconoscerci davvero persone uniche e speciali in grado di raggiungere qualsiasi traguardo.

La vita è difficile, è complicata e non possiamo controllarla, possiamo solo influenzarla con i nostri comportamenti e in molti casi dobbiamo limitarci ad accettarla superando gli ostacoli. Ma è proprio ciò che supereremo e che conquisteremo che plasmerà la nostra realtà. Seneca diceva: «La vita è come una commedia, non importa quanto è lunga, ma come è recitata».

La paura ci paralizza

Molto spesso rimaniamo paralizzati nella vita a causa delle nostre emozioni e non riusciamo più ad andare né avanti né indietro. Il motivo è che non crediamo più in noi stessi, magari proprio dopo un fallimento pensiamo di non poterci più rialzare. Ecco che si comincia a lasciarsi trascinare dalla corrente, da quello che accade, dalle cose che capitano quotidianamente.

Quindi iniziamo a essere più vulnerabili e a lasciarci andare alla rabbia, alle cose negative, ci lasciamo influenzare dal giudizio degli altri. Questo ci porta a combattere la nostra vita invece di godercela. Combattiamo nella direzione sbagliata, combattiamo la battaglia sbagliata, e molti così facendo si bruciano una vita.

Non abbiamo le istruzioni

Questo succede perché non abbiamo le armi giuste per reagire, nessuno ce le ha date, quando nasciamo non abbiamo il libretto delle istruzioni, nessuno ci spiega come si gioca questa partita chiamata vita. Molto spesso vinciamo ma non ce ne accorgiamo nemmeno.

Quante volte durante la giornata facciamo ridere qualcuno, risolviamo un problema, ispiriamo qualcun altro verso il cambiamento e il miglioramento, ma non ce ne accorgiamo perché siamo troppo impegnati sulle cose che dobbiamo risolvere e sulle cose che non vanno.

Non ci accorgiamo delle cose belle molte volte, semplicemente perché non siamo abituati al bello, piuttosto continuiamo con i vecchi rancori, continuiamo a recriminare tornando continuamente sugli accadimenti del passato senza accorgerci che stiamo guidando la nostra automobile guardando nello specchietto retrovisore.

Questo che tu ci creda o no rallenta la nostra crescita e frena la nostra vita. L'unica soluzione è rompere lo specchietto retrovisore e andare avanti smettendo di mettere in dubbio ogni cosa, ogni decisione presa. Non importa da dove veniamo o cosa abbiamo passato, il passato è passato, il futuro è incerto, ora, è l'unico momento buono per vivere, agire e cambiare le cose.

E ciò che è veramente importante è la direzione nella quale vogliamo andare. Ricorda le parole del Dalai Lama: «Esistono solo due giorni dell'anno in cui non si può far niente, uno si chiama ieri l'altro domani. Pertanto oggi è il giorno giusto per amare, crescere, agire e soprattutto vivere».

Facciamoci influenzare dai nostri sogni

Quando la paura ci paralizza, facciamoci influenzare dai nostri sogni, spostiamo l'attenzione sulle nostre speranze, mettiamo il focus sui nostri obiettivi. Un po' come lo scultore che mentre lavora ha già la sua opera in testa. Immagina se Michelangelo o il Bernini avessero scolpito le loro opere pensando al passato.

In realtà quello che hanno fatto i grandi artisti è stato togliere la parte in eccedenza, la parte superflua, e da una pietra senza forma hanno tirato fuori un'opera d'arte. A noi come ai grandi artisti è stato già dato il dono della vittoria. Noi già per nascita siamo dei vincenti. Siamo il risultato di una competizione, di una gara fra piccoli spermatozoi, e noi siamo quelli che ce l'abbiamo fatta. Che tu ci creda o no, noi nasciamo con l'imprinting del vincitore, peccato che poi veniamo educati da perdenti.

Non siamo una metà

Ci consideriamo una mezza mela. Passiamo l'esistenza andando alla ricerca della metà che ci completa e usiamo le altre persone dandogli il potere che non riusciamo a dare a noi stessi, un potere che ci rifiutiamo di riconoscere. In realtà noi non stiamo ricercando un uomo o una donna, stiamo ricercando noi stessi.

L'altra metà che stiamo cercando è la metà che abbiamo dentro, la metà che ci rende unici. Siamo nati interi e vincenti, ma cresciamo con la vergogna e veniamo educati da perdenti e con il senso di colpa.

Non è una questione religiosa

Quando pensi di non essere in grado, quando non ti senti all'altezza, e senti che la paura ti paralizza e ti impedisce di fare le cose, pensa se chi ci ha messo al mondo voleva un branco di inutili incapaci. E non ne faccio una questione religiosa, perché qui la religione non centra.

Dammi retta chi ci ha messo al mondo, ci ha fatto a sua immagine, ha messo al mondo delle vere e proprie divinità, esemplari simili a se stesso, solo che ogni tanto ci perdiamo per strada, ci fermiamo troppo a identificarci con il nostro passato. Noi viviamo con la paura di diventare chi vogliamo essere perché siamo stati educati per diventare ciò che il nostro gruppo dei pari vuole vederci essere. Noi diventiamo il riflesso di quello che vogliono gli altri.

Recuperiamo il rapporto con noi stessi

Se vogliamo vincere dobbiamo prepararci a vincere, e per farlo, abbiamo bisogno di frequentare di più noi stessi. Vivere di più nel silenzio, connetterci con l'universo e rimanere ad ascoltare il nostro corpo, dialogare con lui o anche litigare qualora ce ne sia bisogno.

Stando con gli altri pensiamo inevitabilmente a ciò che vogliono gli altri per loro stessi e a ciò che vogliono da noi. Noi dobbiamo pensare di più a ciò che vogliamo essere, avere, diventare, senza pensare a ciò che non vogliamo o a ciò che vogliono gli altri per noi. Copri lo specchietto retrovisore e vai avanti, come i grandi artisti che hanno scolpito le loro opere pensando al futuro.

Non vivere completamente è un vero peccato

Non vivere la creazione significa vivere la limitazione, e noi non siamo venuti al mondo per limitarci o per vivere di paure e stenti. Noi siamo nati per gioire, siamo nati per ottenere. Non vivere completamente è un vero peccato, è un insulto per chi ci ha messo al mondo, non essere egoista.

Dobbiamo sviluppare il senso di adeguatezza

Troppo spesso ci sentiamo inadeguati, non ci sentiamo all'altezza.

La verità è che stiamo solo resistendo, stiamo solo ritardando il nostro successo, tenendo a freno la nostra vera natura. Sviluppiamo il senso di adeguatezza dentro di noi e riprendiamo in mano la nostra vita, riscopriamo la nostra unicità.

Diventiamo più egoisti pensando meno agli altri e pensando meno alle conseguenze, esprimiamo noi stessi senza limitazioni o paura del giudizio. Facciamo uno sforzo e iniziamo a creare le nostre opinioni diventando dei leader, influenzando gli altri e trascinandoli con la nostra visione.

Buttati nella mischia

Goditela questa vita e buttati nella mischia, mettiti in gioco, le persone seguono un movimento e non un lamento. È tempo di smetterla di lamentarsi e di dare la colpa a qualcosa lì fuori, inizia a muoverti, smetti di lamentarti. Trova la tua metà della mela ma non in discoteca, nei locali, o sul web, trovala dentro di te. Rifiuta ciò che gli altri vogliono che tu sia.

Sii ribelle, sii eretico

Sii eretico. La parola eresia deriva dal greco "airetikos" che vuol dire scegliere. Decidi di scegliere per non essere uguale agli altri, diventa ciò che sei destinato a diventare, diventa un sano egoista e pensa a chi vuoi essere e cosa vuoi diventare. Decidi tu la direzione.

Decidi tu per te stesso altrimenti qualcun altro lo farà al tuo posto. Non i tuoi genitori, non i tuoi amici, non tua moglie o tuo marito potranno aiutarti in questo, e non perché sono cattivi o perché non vogliono la tua felicità, ma semplicemente perché anche loro come te sono a caccia della loro stessa metà. Non possono vedere te, perché come te anche loro sono girati a cercare loro stessi e riversano su di te tutte le loro paure.

Perché non riusciamo

I grandi obiettivi si raggiungono un passo alla volta, ricordi? Il successo non è uno sprint è una maratona. Non farti prendere dall'ansia, dalla fretta di arrivare al traguardo, è una guerra psicologica la vita. L'unico modo per avere successo è mettere da parte le paure e sviluppare la pazienza, rinunciando al tutto e subito. Facendoci più domande, perché i pensieri arrivano dalle domande che ci facciamo e dalle risposte che ci diamo.

La domanda guida

Ricorda: domande di qualità prevedono risposte di qualità, scegli bene le domande che poni a te stesso, in America si dice: "garbage in garbage out" che tradotto vuole dire: se entra spazzatura non può che uscire spazzatura. Sii selettivo

Le tre domande che hanno cambiato la mia vita

Scegli bene le domande che poni a te stesso e controlla attentamente i tuoi pensieri e le risposte che ti dai. Da parte mia ti lascio le tre domande che hanno cambiato la mia vita e che in qualche modo mi hanno indirizzato alla stesura di questo libro.

- Ho amato?
- Ho vissuto?
- Sono servito?

In queste tre frasi se lo vorrai potrai trovare il senso di tutta la tua vita. Prima di lasciarti voglio chiudere con una storia e tre frasi che mi riguardano molto da vicino, ma che ti posso assicurare riguardano molto da vicino anche te. Queste tre frasi hanno più o meno lo stesso significato ma sono state scritte in periodi diversi da personaggi molto differenti tra loro ma anche molto simili.

Queste frasi ti possono essere d'aiuto quando smarrisci la via, quando senti che sei stanco e stai facendo un passo indietro. A me hanno ricordato in passato in più circostanze chi ero e cosa sono venuto a fare:

-Tu sei Dio, dice Buddha,

-Il regno di Dio è dentro di te, dice Gesù,

-L'unica differenza fra noi e Dio e che noi ci siamo dimenticati di essere divini, dice il vecchio saggio.

Quando avrai l'impressione che le cose si mettano male, che prendere una decisione non è alla tua portata, che gli altri sono meglio di te, ripeti a te stesso queste tre frasi posso assicurarti che sono potentissime. Poi ritagliati 2 minuti e rileggi questa storia indù.

Una vecchia leggenda Indù racconta che vi fu un tempo in cui tutti gli uomini erano degli dei. Essi però abusarono talmente della loro divinità, che Brahma, Signore degli dei, decise di privarli del potere divino e decise di nasconderlo in un posto, dove fosse impossibile trovarlo.

Il grande problema fu dunque quello di trovare un nascondiglio. Quando gli dei minori furono riuniti a consiglio per risolvere questo dilemma, essi fecero la loro proposta: «Sotterriamo la divinità dell'uomo nelle viscere della terra. Lì non potrà mai trovarla!».

Brahma tuttavia rispose: «No, non basta. Oggi l'uomo non è in grado di arrivarci, ma prima o poi avrà gli strumenti per farlo e la ritroverà». Gli dei allora replicarono: «In tal caso, gettiamo la divinità dell'uomo nel più profondo degli oceani». E di nuovo Brahma rispose: «No, perché prima o poi l'uomo esplorerà gli abissi di tutti gli oceani e sicuramente un giorno la ritroverà e la riporterà in superficie».

Gli dei minori, impensieriti, conclusero allora: «Non sappiamo dove nasconderla, perché non sembra esistere sulla terra o in mare luogo alcuno che l'uomo non possa un giorno raggiungere». E fu così che Brahma, dopo aver riflettuto, disse: «Ecco ciò che faremo della divinità dell'uomo: la nasconderemo dentro l'uomo stesso, nel suo io più profondo e segreto, perché è il solo posto, dove non gli verrà mai in mente di cercarla».

E nei millenni a seguire, l'uomo ha compiuto il periplo della terra, ha esplorato ogni angolo del pianeta, scalato montagne, scavato la terra e si è immerso nei mari alla ricerca di qualcosa che si trova da sempre dentro di lui. Al tuo successo. Ricorda… Il tuo potere sei tu.

Conclusione
Quel luogo, quel posto, quel tempo

E allora dopo un bel po' di pagine trascorse insieme avrai capito che c'è un posto, un luogo e un tempo per essere timidi e c'è un posto, un luogo e un tempo per essere sicuri e per avere fiducia in se stessi. Avrai compreso l'importanza di conoscersi, che cercare la consapevolezza di sé è necessario oltre che bellissimo.

Avrai ormai compreso che se non sai dove stai andando non arriverai mai da nessuna parte, proprio come una nave che lascia il porto alla deriva e senza una destinazione. Avrai capito che tu hai un valore e che questo valore lo devi cercare, lo devi trovare, lo devi scoprire e te lo devi anche assegnare.

Avrai compreso che la timidezza non è una malattia e che quindi non c'è nessuna cura da sostenere, va solo affrontata, gestita e superata di volta in volta, in qualsiasi situazione. Avrai anche capito che il mondo non cambia, chi cambia sei tu, e allora sì che tutto lì fuori diventa differente. Che niente diventa più facile ma sei tu che diventi più forte.

Non sono i problemi da affrontare che si fanno più piccoli, ma sei tu che diventi più grande. La timidezza fa schifo, già, se solo penso a tutte le occasioni che mi sono perso per strada, a tutte le occasioni che mi sono lasciato alle spalle.

La timidezza fa schifo perché quella volta da bambino non sono riuscito a chiedere semplicemente se potevo giocare e sono rimasto ad aspettare, e ancora oggi non ho avuto risposta, e non la avrò mai... Ma mi ha salvato la vita perché ora non resto più ad aspettare, vado incontro alle cose, lotto e mi prendo quello che voglio, quello che è mio, quello che penso di meritare.

La timidezza fa schifo perché troppe volte mi è mancato il coraggio e per questo troppe volte ho mancato di rispetto a me stesso e alle persone a me più vicine... Ma mi ha salvato la vita perché sono partito, lontano, alla ricerca di quel coraggio che non è vero che mancava, ma che ho riscoperto dentro me lungo la strada.

La timidezza fa schifo perché non sono mai riuscito a dire a mio padre che gli volevo bene, ma mi ha salvato la vita perché ora che lui non c'è più non mi lascio sfuggire l'occasione di dirlo a mia madre, che abbraccio tutte le volte che posso e di dirlo a tutte le persone a me care.

La timidezza fa schifo, già… Ma mi ha salvato la vita, perché se stai leggendo questo libro e sei arrivato a questo punto non sono vissuto invano e la mia timidezza di un tempo non è stata del tutto inutile. Ora, sì, posso dire: ne è valsa la pena.

Se sei arrivato fin qui ti ringrazio per avermi dato fiducia è stato un onore essere rimasto al tuo fianco per tutto questo tempo. Spero di conoscerti un giorno, chi lo sa, di vederti a uno dei miei corsi, di sentirti parlare in pubblico, di ascoltare la tua storia raccontata da te e di poter ascoltare dalle tue stesse labbra la frase più bella e più entusiasmante di tutte: «Emanuele ce l'ho fatta».

Già, spero proprio di incontrarti di ascoltarti e di stringerti la mano.

Live a life you will remember…

Vivi una vita che ricorderai.

Prima di lasciarti…

Ora rivediamo insieme i principi che ho condiviso con te in questo percorso, così sarò sicuro che li porterai sempre con te e difficilmente li dimenticherai quando ti troverai in determinate situazioni.

I 10 + 1 principi per avere più fiducia in se stessi

Principio n.1: Crea la tua realtà

La realtà non esiste, non smetterò mai di ripeterlo perché è un concetto che a me ha cambiato la vita. La realtà è ciò che tu, e solo tu percepisci attraverso i tuoi filtri percettivi ossia i tuoi 5 sensi. Per comprendere come creare la tua migliore realtà assumiti il 100% della responsabilità e segui il circolo creativo della realtà.

Migliora i tuoi pensieri, modifica in positivo l'immagine che hai di te, miglioreranno le tue sensazioni quindi il tuo stato d'animo, riuscirai a prendere decisioni migliori che genereranno risultati in grado di rendere la tua vita speciale.

Principio n.2: La timidezza non è una malattia

Quindi non si guarisce, perché non c'è nulla da curare. Non esiste una pasticca che ti salva dalla timidezza, devi fare pratica. Ecco perché è necessario possedere due cose: la volontà e le giuste strategie.

Principio n.3: Medita

Meditare è la tecnica che ti permette di svuotare la mente, in modo da placare il caos degli infiniti pensieri che si affollano nella mente per poi indirizzare la parte conscia verso i nostri obiettivi, verso il nostro scopo. Sogno e visualizzazione sono il pilastro per costruire un futuro sicuro, e non lasciarsi sopraffare dalla timidezza.

Principio n. 4: Scopri qual è il tuo scopo nella vita e fai chiarezza.

Fai chiarezza, decidi e agisci, vuol dire fare un lavoro profondo su te stesso al fine di individuare chi sei e cosa vuoi. Quando scopri il tuo scopo nella vita e ti poni degli obiettivi diventi più sicuro, conosci la direzione, hai fiducia nelle tue risorse fisiche e mentali.

Principio n.5: Trova il tuo perché forte

Il tuo perché forte ti spinge a fare azioni fuori dalla tua zona di comfort, ti permette di metterti a disagio e poi di superarlo facendoti in un secondo momento sentire a tuo agio. Chiedi a te stesso cosa ti motiva e quali sono le tue ragioni, perché se non trovi cosa ti motiva, cosa veramente ti sta a cuore, se non trovi il tuo "perché forte", difficilmente riuscirai a uscire dalla situazione in cui ti trovi.

Se vuoi smettere di essere timido, insicuro e iniziare a essere percepito in modo differente devi anche sapere perché e per chi lo stai facendo. Ognuno è diverso e per tale motivo è motivato da cose diverse, può essere il riconoscimento, la sensazione che dà la vittoria, può essere la famiglia o la benevolenza.

Principio n.6: Esiste un posto, un luogo e un momento

La timidezza ti accompagnerà sempre, per tutta la tua vita, ma esisteranno posti, luoghi e momenti dove la timidezza scompare per lasciare il posto alla sicurezza e alla piena fiducia in se stessi. Posti, luoghi e momenti dove sentirsi sicuri e perfettamente all'altezza. Trova il tuo palco, trova il tuo tempo, trova le persone giuste.

Principio n.7: Cambia le immagini interne

Quando cambi i tuoi pensieri, cambi il tuo disegno, ossia il film che vedi correntemente nella tua testa. Quando cambi le immagini interne cambi la percezione che hai di te.

Principio n.8: Meritatelo

Quante persone accetterebbero 1.000.000 di euro in regalo? Sono sicuro che molte come prima reazione risponderebbero: «No grazie non preoccuparti». Nello stesso identico modo di quando a tavola veniamo serviti per primi, perché la nostra pizza arriva prima, come reagiamo? La giriamo agli altri con un timido... "prima tu". Devi diventare la persona che le cose se le merita. Devi diventare quel tipo di persona. Studia, lavora, agisci per diventare una persona da 1.000.000 di euro, solo così potrai non solo guadagnarli e riceverli ma anche accettarli.

Principio n.9: Cambia le cause

Viviamo in un mondo governato da leggi e una di queste è la legge di causa-effetto. Se vuoi cambiare i risultati che ottieni nella tua vita non devi agire sugli effetti bensì sulle cause. Per cambiare le cose devi agire sull'interno. C'è una storia che spiega molto bene questo concetto e voglio che la leggi con molta attenzione:

Immagina di scrivere un testo al computer e poi di mandarlo in stampa, premi il tasto invio e dalla stampante esce il foglio, lo prendi, leggi il testo e ti accorgi che c'è un errore. Allora prendi una gomma e cancelli l'errore, premi nuovamente il tasto invio, prendi il nuovo foglio che è uscito dalla stampante e ti accorgi che l'errore è ancora lì.

Allora prendi una gomma più grande e con ancora più forza e determinazione cancelli quell'errore, poi ritorni al computer e ancora una volta schiacci il tasto invio, non ci puoi credere l'errore è ancora lì. Così decidi di frequentare un corso su come cancellare gli errori con la gomma e poi ne frequenti un altro e un altro ancora, torni a casa e premi invio, indovina un po', l'errore è ancora lì.

Il problema come avrai capito tu stesso è che tutte le volte hai agito sull'effetto invece di intervenire sulle cause che hanno generato quell'errore.

Principio n.10: Legge di attrazione

Come la legge di gravità e la legge di causa-effetto, anche la legge di attrazione funzione sempre. Se cadi dal tetto non importa che tu sia buono o cattivo ti schianterai perché la legge di gravità funziona sempre. Per lo stesso motivo hai il modo di attrarre a te la sicurezza e le persone sicure di cui hai bisogno, perché se metti in atto la legge di attrazione essa funziona.

Inizia da subito a imparare a usare il metodo che ti permette di attrarre le condizioni di cui hai bisogno. Chiedi, credi, ringrazia. Scopri i benefici di possedere un desiderio ardente. Scatena dentro di te l'enorme potere della fede. Senti la stupefacente sensazione di ringraziare.

Principio n.11: Quale pensiero decidi di nutrire

Un'altra legge che governa l'universo è la legge della sostituzione. Secondo questa legge non è possibile tenere nelle mente due pensieri contemporaneamente. Facciamo una prova insieme: pensa a una penna, fatto?

Ora pensa a un cellulare. Se hai seguito le mie indicazioni avrai scoperto che per pensare al cellulare hai dovuto abbandonare almeno per un istante la penna. Questa legge è fantastica perché ci dà la possibilità di scegliere quali pensieri coltivare all'interno della nostra mente e quali lasciare andare.

Una storia Cherokee racconta di un capo tribù che parlando intorno al fuoco ai bimbi del villaggio dice loro: «È come se ci fossero due grandi lupi che vivono dentro di me: uno bianco, l'altro nero. Il lupo bianco è buono, gentile e innocuo; vive in armonia con tutto ciò che lo circonda e non arreca offesa quando non lo si offende.

Il lupo buono, ben ancorato e forte nella comprensione di chi è e di cosa è capace, combatte solo quando è necessario e quando deve proteggere se stesso e la sua famiglia, e anche in questo caso lo fa nel modo giusto; sta molto attento a tutti gli altri lupi del suo branco e non devia mai dalla propria natura.

Ma c'è anche un lupo nero che vive in me, ed è molto diverso: è rumoroso, arrabbiato, scontento, geloso e pauroso. Le più piccole cose gli provocano eccessi di rabbia; litiga con chiunque, continuamente, senza ragione. Non riesce a pensare con chiarezza poiché avidità, rabbia e odio in lui sono troppo grandi. Ma è rabbia impotente ragazzi miei, poiché non riesce a cambiare niente.

Quel lupo cerca guai ovunque vada, perciò li trova facilmente; non si fida di nessuno quindi non ha veri amici. A volte è difficile vivere con questi due lupi dentro di me, perché entrambi lottano strenuamente per dominare la mia anima».

Al ché, un ragazzo chiese ansiosamente all'anziano: «Quale dei due lupi vince?». Il capo tribù allora con voce ferma rispose: «Quello che decido di nutrire».

Puoi scegliere ora se nutrire pensieri positivi o pensieri negativi, pensieri di amore o di odio, di perdono o di vendetta. Quale che sia la tua scelta sei tu che influenzi il tuo futuro a seconda dei pensieri che decidi di nutrire nella tua mente.
Ricorda diventiamo ciò che pensiamo.

Se ti è piaciuto questo libro…

Se ti è piaciuto questo libro e il percorso fatto insieme:

Iscriviti subito al gruppo Facebook di "Volontà di Cambiare" e unisciti alla nostra community. Troverai moltissime persone che come te hanno voglia di cambiare, crescere, migliorare, che hanno voglia di creare nuove e migliori abitudini, per creare un nuovo e migliore lifestyle... Per vivere la migliore e l'unica vita da vivere.

Lascia una recensione su Amazon così da aiutare altre persone a scegliere questo libro.

Visita anche il mio sito web https://emanuelealoi.it/ e partecipa al mio prossimo evento live *Puoi essere migliore di così.*

Lascia qui la tua mail per ricevere la tua copia del mio prossimo libro e per ricevere pillole di crescita personale e contenuti di valore.

Puoi prenotare il tuo prossimo corso di trasformazione e crescita personale anche su WhatsApp al numero +39 3387702175. Inizia ora la tua trasformazione.

Keep in touch

Per scoprire tantissimi contenuti di crescita personale:

Iscriviti al mio canale YouTube: Emanuele Aloi

Scopri gli eventi sulla pagina Facebook: EmanueleAloi Volontà di Cambiare

Segui su Instagram il profilo di Emanuele.aloi Volontà di Cambiare

Collegati su LinkedIn: Emanuele Aloi

Iscriviti al mio canale Telegram Emanuele Aloi